Maxim Gorki

Kinder der Sonne

Drama in vier Aufzügen

Übersetzt von Alexander von Huhn

(Großdruck)

Maxim Gorki: Kinder der Sonne. Drama in vier Aufzügen
(Großdruck)

Übersetzt von Alexander von Huhn.

Uraufführung: Petersburger Kommissarshewskaja-Theater,
1905. Hier in der Übersetzung von Alexander von Huhn,
Berlin, Bühnen- u. Buch-Verl. russ. Autoren J. Ladyschnikow,
1906.

Neuausgabe
Herausgegeben von Theodor Borken
Berlin 2020

Umschlaggestaltung von Thomas Schultz-Overhage unter
Verwendung des Bildes: Ilja Repin, Gorki liest aus seinem
Drama Kinder der Sonne, 1905

Gesetzt aus der Minion Pro, 16 pt, in lesefreundlichem
Großdruck

ISBN 978-3-8478-4516-4

Die Deutsche Nationalbibliothek verzeichnet diese Publikation
in der Deutschen Nationalbibliografie; detaillierte
bibliografische Daten sind im Internet über www.dnb.de
abrufbar.

Henricus Edition Deutsche Klassik UG (haftungsbeschränkt),
Berlin
Herstellung: BoD – Books on Demand, Norderstedt

Personen

Páwel Fjódorowitsch Protássow

Lísa, dessen Schwester

Jeléna Nikolájewna, Protássows Gattin

Dimítrij Sergéjewitsch Wágin

Bóris Nikolájewitsch Tschepurnói

Melánija, dessen Schwester

Nasár Awdéjewitsch

Míscha, dessen Sohn

Jegór, Schlosser

Awdótja, dessen Frau

Jákow Tróschin

Antónowna, Protassows und Lisas frühere Kinderfrau

Fíma,
Lúscha, Dienstmädchen

Román, Portier

Ein Arzt

Erster Aufzug

Ein altes, herrschaftliches Haus; großes, halbdunkles Zimmer. Links in der Wand ein Fenster und eine Tür, die auf eine Veranda führt. In der Ecke zur linken Seite des Zimmers führt eine Treppe in das obere Stockwerk, wo Lisa wohnt. Im Hintergrunde sieht man durch einen Türbogen in das Speisezimmer. Aus der rechten Ecke des Zimmers mündet eine Tür in das Zimmer Jelenas. Bücherschränke, schwere, altertümliche Möbel, auf den Tischen Bücher in wertvollen Ausgaben. Auf einem der Bücherschränke eine weiße Büste. Am Fenster links ein großer runder Tisch, vor dem Protassow sitzt, in einer Broschüre blättert und dabei auf eine kleine Spirituslampe blickt, über der irgendeine Flüssigkeit kocht. Auf der Terrasse unter dem Fenster macht sich Roman zu schaffen, wobei er dumpf und eintönig ein Lied singt. Durch diesen Gesang fühlt sich Protassow belästigt.

PROTASSOW. Hören Sie mal, Portier!

ROMAN *durchs Fenster*. Was soll's?

PROTASSOW. Wie wäre es, wenn sie fortgingen … ja?

ROMAN. Wohin?

PROTASSOW. Na, überhaupt … Sie stören mich ...

ROMAN. Der Wirt hat's befohlen … Du mußt das ausbessern, hat er gesagt.

ANTONOWNA *tritt aus dem Speisezimmer heraus.* Der Schmutzfink … hierher mußt du damit kommen?

PROTASSOW. Schweig, Alte!

ANTONOWNA. Hast wohl nicht Platz genug in deinen Zimmern?

PROTASSOW. Bitte, geh nicht hinein; ich hab dort alles vollgedampft.

4

ANTONOWNA. Und hier machst du alles voll Kohlendunst ...
Laß mich wenigstens die Tür öffnen.

PROTASSOW *eifrig.* Nicht nötig, nicht nötig! Ach du ... Alte!
... Ich habe dich doch nicht darum gebeten ... Sag **du** dem
Portier, daß er fortgehen soll ... er brummt immer so vor sich
hin.

ANTONOWNA *zum Fenster hin.* Was treibst du dich hier herum?
Mach, daß du fortkommst!

ROMAN. Warum? ... Der Wirt hat's befohlen ...

ANTONOWNA. Schon gut, kannst es auch später machen ...

ROMAN. Na, meinetwegen ... *Entfernt sich brummend.*

ANTONOWNA *mürrisch.* Ersticken wirst du noch eines schönen
Tages! ... Und dabei heißt es, wir haben die Cholera hier ...
Du willst ein Generalssohn sein, und womit beschäftigst du
dich! Nur unangenehme Gerüche verbreitest du!

PROTASSOW. Warte nur, Alte! ... Ich werde auch noch einmal
General! ...

ANTONOWNA. Du? – Du kommst noch mal auf die Landstraße.
Das ganze Haus hast du mit deiner Chemie und deiner Physiognomik verstänkert.

PROTASSOW. Nicht mit der Physiognomik, sondern mit der
Physik ... Im übrigen laß mich gefälligst in Ruhe ...

ANTONOWNA. Da ... Jegor ist gekommen ...

PROTASSOW. Ruf ihn her ...

ANTONOWNA. Väterchen, sprich du doch mit dem Lumpen
und frage ihn, was er anstellt. Warum er gestern seine Frau bis
aufs Blut geprügelt hat?

PROTASSOW. Gut ... ich werde mit ihm sprechen ... *Lisa steigt,
ohne gehört zu werden, die Treppe herab, bleibt vor dem Schrank
stehen und öffnet ihn geräuschlos.*

ANTONOWNA. Sag ihm: Du Jegor, du kriegst es mit mir zu tun,
wenn ...

PROTASSOW. Ich werde ihm schon bange machen, da kannst du ganz unbesorgt sein, aber jetzt geh! ...

ANTONOWNA. Streng muß man sein. Du sprichst mit allen diesen Leuten, als wären sie Herrschaften ...

PROTASSOW. Genug, Alte! ... Ist Jelena zu Hause?

ANTONOWNA. Noch nicht. Sie ist nach dem Frühstück zu Wagin gegangen und hat sich nicht wieder sehen lassen ... Paß mal auf, du wirst noch deine Frau verträumen ...

PROTASSOW. Laß diese dummen Redensarten, Alte, sonst werd ich böse.

LISA. Alte, du störst Pawel bei der Arbeit ...

PROTASSOW. Ach, du bist hier; nun, was gibt's?

LISA. Nichts ...

ANTONOWNA. Lisonjka, du mußt jetzt deine Milch trinken.

LISA. Ich weiß es ...

ANTONOWNA. Was Jelena Nikolajewna betrifft, so muß ich doch sagen, ich an ihrer Stelle hätte längst mit einem anderen angebändelt ... Die Frau wird von dir vernachlässigt, das ist ganz klar ... Den Brei hast du gegessen, die Schale wirfst du nun fort ... Kinder sind auch keine da, wie soll eine Frau noch Freude am Leben haben?! Nun, daß sie und ...

PROTASSOW. Alte! ... Ich fange an, böse zu werden ... Hinaus! So ein ... Waschweib!

ANTONOWNA. Nun, nun! Nur nicht gleich so wild ... vergiß den Jegor nicht! *Entfernt sich.* Lisonjka, die Milch steht im Speisezimmer ... Hast du deine Tropfen genommen?

LISA. Ja, ja!

ANTONOWNA. Nun gut ... *Geht ins Speisezimmer.*

PROTASSOW *ihr nachblickend.* Merkwürdige Alte! Unsterblich wie die Dummheit ... und ebenso lästig ... Wie steht's mit deiner Gesundheit, Lisa?

LISA. Gut.

PROTASSOW. Das ist ja herrlich! *Trällernd.* Das ist herrlich …
das ist schön …

LISA. Weißt du, recht hat die Alte doch.

PROTASSOW. Das bezweifle ich. Die Alten haben selten recht
… Die Wahrheit ist bei den Kindern … Sieh mal, Lisa, hier
habe ich gewöhnliche Hefe …

LISA. Die Alte hat recht, wenn sie sagt, daß du dich zu wenig
um Jelena kümmerst …

PROTASSOW *betrübt, milde.* Wie ihr mich immer stört, du und
die alte! Ist Jelena denn stumm? Sie könnte es mir doch selbst
sagen … wenn ich irgendwie … wenn ich irgendwie … wenn
irgendwas … nicht so ist, wie es sein sollte … und … überhaupt
… aber sie schweigt ja! … Um was handelt es sich? Was ist
los? *Aus dem Speisezimmer tritt Jegor ins Zimmer. Er ist ein
wenig angetrunken.* Ah, da ist ja Jegor. Guten Tag, Jegor!

JEGOR. Wünsch Ihnen gute Gesundheit!

PROTASSOW. Ich will Ihnen sagen, um was es sich handelt, Jegor.
Es muß ein kleiner Tiegel angefertigt werden … mit einem
starken, kegelförmigen Deckel. Oben muß eine kreisförmige
Öffnung angebracht werden, aus der eine Röhre emporsteigt
… verstehen Sie?

JEGOR. Ich verstehe. Das kann man schon machen.

PROTASSOW. Ich habe hier eine Zeichnung … wo ist sie gleich?
Kommen Sie, bitte, mal her … *Geht mit Jegor ins Speisezimmer.
An der Verandatür klopft Tschepurnoi. Lisa öffnet die Tür.*

TSCHEPURNOI. Ah, zu Hause? Guten Tag!

LISA. Guten Tag …

TSCHEPURNOI *rümpft die Nase.* Auch der Kollege ist zu Hause,
wie ich an diesem Geruch merke …

LISA. Woher kommen sie?

TSCHEPURNOI. Ich komme von der Praxis. Dem Hündchen der
Frau des Kameralhofdirektors hat das Dienstmädchen das

Schwänzchen zwischen die Tür geklemmt, und so habe ich denn den Hundeschwanz verbinden müssen, Dafür habe ich drei Goldfüchse erhalten, hier sind sie! Ich wollte Ihnen schon Bonbons kaufen, aber es fiel mir ein: vielleicht ist es nicht ganz schicklich, Ihnen Süßigkeiten für Hundegeld zu kaufen, und – da ließ ich's bleiben.

LISA. Und Sie haben recht daran getan … Nehmen Sie Platz …

TSCHEPURNOI. Übrigens herrscht hier ein Geruch – von sehr zweifelhafter Annehmlichkeit. Es kocht schon, Kollege!

PROTASSOW *im Hereintreten.* Es braucht ja gar nicht zu kochen! Was ist denn das?! Warum habt ihr mir's nicht gesagt, meine Herrschaften?

TSCHEPURNOI. Ich habe ja gesagt, daß es kocht …

PROTASSOW *betrübt.* Aber verstehen Sie mich doch: es liegt mir durchaus nichts daran, daß es kocht! *Jegor kommt heraus.*

LISA. Wer hat denn das gewußt, Pawel? …

PROTASSOW *brummend.* Ach … Teufel noch mal … Jetzt muß ich von vorne anfangen.

JEGOR. Pawel Fjodorowitsch, geben Sie ein Rubelchen …

PROTASSOW. Einen Rubel? Aber gleich! *Sucht in allen Taschen.* Lisa, hast du nichts bei dir?

LISA. Nein, Antonowna hat Geld …

TSCHEPURNOI. Ich habe auch welches … Hier sind drei!

PROTASSOW. Drei Rubel? Bitte, geben Sie her … Hier, Jegor, sind drei – na, stimmt's?

JEGOR. Gut … Wir werden schon abrechnen … Danke … Empfehle mich …

LISA. Pawel, die Alte hat dich gebeten … ihm zu sagen … Hast du vergessen?

PROTASSOW. Was – zu sagen? Ach … ja! Hm … ja! Jegor … Bitte, nehmen Sie Platz! Sehen Sie … vielleicht sagst **du** es, Lisa? … *Lisa schüttelt den Kopf.* Sehen Sie, Jegor … ich muß Ihnen

8

sagen ... das heißt, Antonowna bat mich ... es zu tun. Es handelt sich darum, daß Sie ... angeblich Ihre Frau prügeln. Entschuldigen Sie, Jegor ...

JEGOR *steht auf.* Ich prügle sie –

PROTASSOW. So? Aber, sehen sie, das ist doch nicht gut ... Ich versichere Sie!

JEGOR *drohend.* Soll auch nicht gut sein.

PROTASSOW. Verstehen sie mich? Warum prügeln sie Ihre Frau? Das ist bestialisch, Jegor ... Das müssen sie lassen ... Sie sind ein Mensch, Sie sind ein mit Vernunft begabtes Wesen. Sie sind das herrlichste, das erhabenste Wesen auf Erden ...

JEGOR. Ich?

PROTASSOW. Nun, ja!

JEGOR. Herr! Haben Sie sie auch gefragt, warum ich sie geprügelt habe?

PROTASSOW. Nun – begreifen Sie doch: man darf nicht prügeln! Ein Mensch darf den andern nicht schlagen ... das ist doch ganz klar, Jegor!

JEGOR *lachend.* Ich bin geprügelt worden ... und nicht zu knapp ... Und wenn ich von meiner Frau sprechen soll ... ja, die ist überhaupt kein Mensch, das ist ein Teufel ...

PROTASSOW. Was für ein Unsinn! Was heißt das »Teufel«?

JEGOR *nachdrücklich.* Empfehle mich! Und meine Frau, die prügle ich weiter ... bis sie so ist, wie das Gras vor dem Wind, so lange bekommt sie ihre Schläge! *Geht ins Speisezimmer.*

PROTASSOW. So hören sie doch, Jegor! Sie haben selbst gesagt ... fort ist er! Scheint es übelgenommen zu haben ... Wie dumm das war ... Diese Antonowna richtet immer etwas an ... Wie albern! *Geht betrübt hinter die Portiere.*

TSCHEPURNOI. Der Kollege hat sehr überzeugend gesprochen!

LISA. Der gute Pawel! ... Er ist immer so komisch!

9

TSCHEPURNOI. Wissen sie, **ich** hätte diesem Jegor mit dem Stock eins aufs Maul geschlagen!

LISA. Boris Nikolajewitsch!

TSCHEPURNOI. Nun was –? Ah, entschuldigen Sie, ich war etwas kräftig in meinen ausdrücken. Übrigens urteilt er einigermaßen logisch: man hat ihn geprügelt, und daraus schließt er, daß auch er prügeln darf! Ich ziehe daraus die weitere Schlußfolgerung: er sollte noch geprügelt werden ...

LISA. Ich bitte Sie ... Wie können Sie so reden, warum?

TSCHEPURNOI. Auf der Basis dieser Logik ist die ganze Kriminaljustiz aufgebaut!

LISA. Sie wissen, wie widerwärtig mir jede Roheit ist ... wie ich sie fürchte, und immer wieder, als ob sie es darauf abgesehen hätten, mich zu reizen, kommen sie mir so! Na, warten Sie ... Dieser Schlosser erweckt in mir ein Gefühl der Furcht. Er ist so ... finster ... und diese riesigen, gekränkten Augen ... Mir ist immer, als hätte ich sie schon gesehen ... damals, dort, in der Menge ...

TSCHEPURNOI. Ach, denken Sie nicht daran! Nicht an ihn!

LISA. Kann man denn so etwas vergessen?

TSCHEPURNOI. Was nutzt es denn, darüber zu reden?

LISA. Dort, wo Blut vergossen wurde, wachsen keine Blumen mehr.

TSCHEPURNOI. Und **wie** wachsen sie!

LISA *steht auf und geht auf und ab.* Dort wächst nur der Haß ... Wenn ich etwas Rohes höre, etwas Gehässiges, wenn ich etwas Rotes erblicke, erwacht in mir jenes dumpfe Grauen, und ich sehe sie gleich wieder vor mir, diese schwarze, vertierte Menge, diese blutbefleckten Gesichter und die roten Blutlachen im Sand ...

TSCHEPURNOI. Sie werden sich so lange in die Aufregung hineinreden, bis Sie einen Anfall bekommen ...

10

LISA. Und zu meinen Füßen der junge Mensch mit dem eingeschlagenen Schädel … er versucht fortzukriechen, von seinen Wangen und vom Halse strömt das Blut, er hebt das Haupt zum Himmel … ich sehe sein brechendes Auge, den offenen Mund und die mit Blut befleckten Zähne … sein Kopf fällt mit dem Gesicht auf den Sand, mit dem Gesicht …

TSCHEPURNOI *tritt an sie heran.* Um Gottes Willen! Was fange ich nur mit Ihnen an?

LISA. Erfüllt Sie das nicht mit Entsetzen?

TSCHEPURNOI. Kommen Sie … wir wollen in den Garten gehen.

LISA. Nein, sagen Sie … sagen Sie mir: Haben Sie für mein Entsetzen kein Verständnis?

TSCHEPURNOI. Natürlich. Ich verstehe es … fühle es!

LISA. Nein … das ist nicht wahr! Verständen Sie mich, so wäre mir leichter ums Herz. Ich möchte diese Last von meiner Seele wälzen, aber – ich finde keine andere Seele, die sie mit mir auch nur teilen wollte, die mich versteht … Nein, keine!

TSCHEPURNOI. Meine Liebe! Teuerste! Lassen Sie das! Gehen wir in den Garten … was das hier für ein Geruch ist! Als ob man einen alten Gummischuh in Fastenöl gebraten hätte …

LISA. Ja … der Geruch … mir wird ganz schwindlig …

ANTONOWNA *tritt aus dem Speisezimmer.* Lisonjka, es ist Zeit, die Tropfen einzunehmen, und du hast die Milch noch nicht getrunken!

LISA *ins Speisezimmer gehend.* Gleich …

TSCHEPURNOI. Nun, wie geht's, Antonowna?

ANTONOWNA *den Tisch aufräumend.* Nun … es macht sich … ich kann nicht klagen.

TSCHEPURNOI. Das ist ja schön! Und wie steht's mit der Gesundheit?

ANTONOWNA. Gott sei Dank …

TSCHEPURNOI. Schade. Sonst hätte ich Sie kuriert.

ANTONOWNA. Kurieren sie lieber Hunde ... Ich bin kein Hündchen ... *Lisa tritt ein.*

TSCHEPURNOI. Und ich möchte doch so gern einen guten Menschen kurieren ...

LISA. Wollen wir gehen? ... *Tritt durch die Tür auf die Veranda. Protassow mit einer Retorte in der Hand.*

PROTASSOW. Alte, kochendes Wasser!

ANTONOWNA. Ich hab kein kochendes Wasser ...

PROTASSOW. nun, ich bitte dich recht sehr!

ANTONOWNA. Warte – das Wasser im Samowar wird gleich kochen ... Hast du mit Jegor gesprochen?

PROTASSOW. Ja, ja ...

ANTONOWNA. Hast du ihm ordentlich zugesetzt?

PROTASSOW. Sehr! Weißt du, er hat vor angst förmlich gezittert: Ich habe ihm gesagt: »Weißt du, guter Freund, ich schicke dich ...«

ANTONOWNA. Zum Polizeimeister.

PROTASSOW *energisch werdend.* Nein, nein ... nun einerlei! Aber zum Gericht ... zum Friedensrichter ...

ANTONOWNA. Besser wär's gewesen, ihn mit dem Polizeimeister zu schrecken ... Nun, und er?

PROTASSOW. Und er ... weißt du, was er mir geantwortet hat? »Herr«, hat er gesagt, »du bist ein Narr!«

ANTONOWNA *ungläubig.* Was du sagst?

PROTASSOW. Ja, gewiß. »Ein Narr sind Sie«, hat er gesagt ... »Stecken sie Ihre Nase nicht in Dinge, die Sie nichts angehen«, hat er gesagt ...

ANTONOWNA. Das hat er gesagt? Ist das möglich, Väterchen?

PROTASSOW. Nein, nein, siehst du, Alte –! Das hat nicht er, das habe ich mir gesagt ... Er hat es gedacht, und ich habe es ausgesprochen ...

ANTONOWNA. Ach, dich soll ... *Will beleidigt fortgehen.*

PROTASSOW. Bring du mir selbst kochendes Wasser ... Fima, diese Zierpuppe, bleibt überall hängen, entweder mit den Ärmeln ... oder ... mit den Röcken.

ANTONOWNA. Ihre Fima hat, wie es scheint, mit dem Sohn des Wirts angebändelt ...

PROTASSOW. Du bist wohl neidisch auf sie?

ANTONOWNA. Püh! Du bist doch der Herr im Hause, du mußt ihr sagen, daß sich sowas für ein junges Mädchen nicht schickt!

PROTASSOW. Na, Alte, laß gut sein! Allerdings, wenn es nach dir ginge, müßte ich den ganzen Tag herumlaufen und allen Leuten sagen, was gut und was nicht gut ist ... Merk es dir: Das ist nicht meines Amtes!

ANTONOWNA. Wozu hast du denn dann studiert? Zu welchem Zweck? *Melanija durch die Tür, die nach der Terrasse führt.*

PROTASSOW. Nun geh! – Was seh ich – Melanija Nikolajewna!

MELANIJA. Guten Tag, Pawel Fjodorowitsch!

ANTONOWNA. Wer hat denn die Tür nicht geschlossen? *Schließt die Tür.*

MELANIJA. Sie sehen ja so zufrieden aus!

PROTASSOW. Ich freue mich, daß Sie gekommen sind ... sonst hätte mich die Alte noch zu Tode genörgelt. Und dann ist mir heute eine interessante Arbeit gelungen ...

MELANIJA. Ja? Wie mich das freut! Ich wünschte so sehr, daß Sie berühmt werden ...

ANTONOWNA *mürrisch abgehend.* In der Stadt sprechen sie schon alle von ihm ... Er ist schon berühmt ...

MELANIJA. Ich hoffe, Sie werden noch einmal so eine Art Pastähr werden ...

PROTASSOW. Hm – darauf kommt es nicht an. Es heißt aber Pasteur ... Ist das mein Buch, das Sie da haben? Haben sie es gelesen? Nicht wahr, das ist interessanter als ein Roman?

MELANIJA. Gewiß! Aber diese Zeichen ...

PROTASSOW. Die Formeln?

MELANIJA. Von Formeln verstehe ich nichts!

PROTASSOW. Die muß man ein wenig lernen … Jetzt werde ich Ihnen eine Physiologie der Pflanzen zum Lesen geben … Vor allem aber und mit größter Aufmerksamkeit vertiefen sie sich in das Studium der Chemie! Studieren Sie Chemie und wieder Chemie! Wissen Sie, das ist eine ganz außerordentliche wissenschaftliche Disziplin! Sie ist, im Verhältnis zu anderen Wissenschaften, noch verhältnismäßig wenig entwickelt, aber schon jetzt erscheint sie mir wie das Auge, das alles sieht. Ihr scharfer, kühler Blick dringt sowohl in die Sonnenmasse und in das Dunkel des Erdkörpers wie in die fernsten unsichtbaren Tiefen unseres Herzens, *Melanija seufzt,* in das geheimnisvolle Wachstum des Steines, in das stumme Leben des Baumes. Die Chemie überblickt alles, und während sie überall Harmonie entdeckt, forscht sie hartnäckig nach dem Ursprung des Lebens … und sie wird ihn finden, wird ihn finden! Wenn die Chemie erst dahin gelangt sein wird, die Geheimnisse der Zusammensetzung der Materie zu ergründen, wird sie imstande sein, ein lebendes Wesen in einer Retorte herzustellen.

MELANIJA *entzückt.* Gott, warum halten Sie keine Vorlesungen?

PROTASSOW. Wie kommen Sie darauf?

MELANIJA. Sie müssen durchaus Vorlesungen halten! Sie sprechen so hinreißend … Wenn ich Sie so höre, möchte ich Ihnen die Hände küssen ...

PROTASSOW *betrachtet seine Hände.* Das rate ich Ihnen nicht … Wissen Sie … meine Hände sind selten rein … denn ich muß allerhand anfassen.

MELANIJA *innig.* Wie gerne täte ich etwas für Sie! Wenn Sie wüßten! Ich … schwelge in Ihnen … Sie sind so überirdisch, so erhaben … Sprechen Sie, was brauchen Sie? Fordern Sie alles, alles.

PROTASSOW. Ah … doch … Sie könnten …

MELANIJA. Was? Was kann ich?

PROTASSOW. Haben Sie Hühner?

MELANIJA. Hühner? Was für Hühner?

PROTASSOW. Nun – Hausgeflügel … Sie wissen doch! So eine Hühnerfamilie – Hähne, Hühner …

MELANIJA. Ja, ja, ich weiß. Wir haben welche … Wozu brauchen Sie sie?

PROTASSOW. Teure Melanija Nikolajewna, wenn Sie mir täglich frische Eier schenkten: ganz frisch gelegte, noch warme Eier … Wissen Sie, ich brauche so dringend Eiweiß, und Antonowna ist so geizig, sie hat keine Ahnung von Eiweiß, was das für mich bedeutet … Sie gibt mir nur alte Eier … und auch die bekomme ich nur nach langem Hin- und Herreden … und sie macht noch ein saures Gesicht dazu.

MELANIJA. Pawel Fjodorowitsch! Wie grausam Sie sind!

PROTASSOW. Ich grausam? Wieso?

MELANIJA. Gut … Ich schicke Ihnen jeden Morgen ein Dutzend frischgelegte Eier …

PROTASSOW. Herrlich! Jetzt ist mir geholfen! Ich bin Ihnen außerordentlich dankbar! Sie sind wirklich reizend!

MELANIJA. Sie sind ein Kind … ein grausames Kind … das nichts versteht!

PROTASSOW. In der Tat, ich verstehe nicht, warum bin ich denn grausam?

MELANIJA. Warten Sie. Sie werden es noch einmal verstehen lernen. Ist Jelena Nikolajewna nicht zu Hause?

PROTASSOW. Sie ist zur Sitzung bei Wagin …

MELANIJA. Gefällt er Ihnen?

PROTASSOW. Wagin? O ja! Wir sind ja alte Freunde, haben zusammen das Gymnasium besucht und später – auf der Universität – *Sieht auf die Uhr.* Er war auch Naturwissenschaftler, aber im zweiten Studienjahr ist er zur Akademie übergegangen.

MELANIJA. Es scheint, daß auch Jelena Nikolajewna viel Gefallen an ihm findet ...

PROTASSOW. Ja, sehr viel. Er ist ein prächtiger Kerl, nur etwas einseitig.

MELANIJA. Und Sie befürchten nichts ... *Tschepurnoi klopft an die Verandatür.*

PROTASSOW *öffnet die Tür.* Was sollte ich fürchten? Ach – die Alte hat die Tür abgeschlossen ...

MELANIJA. Ah, du bist hier?

TSCHEPURNOI. Du auch schon hier? Wo habt ihr Wasser? Jelisaweta Fjodorowna läßt darum bitten ...

PROTASSOW. Fühlt sie sich unwohl?

TSCHEPURNOI. Nein – es ist nichts von Belang ... sie will Tropfen einnehmen ... *Geht ins Speisezimmer.*

PROTASSOW. Melanija Nikolajewna, entschuldigen Sie mich auf einen Augenblick ... Ich will doch einmal sehen ...

MELANIJA. Gehen Sie, gehen Sie! Kommen Sie aber bald zurück ...

PROTASSOW. Ja, ja! Wie wäre es, wenn Sie in den Garten gingen? Wie?

MELANIJA. Gut ...

PROTASSOW. Dort ist auch Lisa ... *Ruft.* Antonowna, wo bleibt denn das Wasser? *Entfernt sich.*

TSCHEPURNOI *tritt aus dem Speisezimmer.* Nun, Melanija, wie steht's, wie geht's?

MELANIJA *schnell und leise.* Weißt du, was Hydatopyromorphismus bedeutet?

TSCHEPURNOI. Wa–s?

MELANIJA. Hy–dato–pyro–morphismus?

TSCHEPURNOI. Der Teufel weiß, was das ist! Vielleicht ein Wasserfeuerwerk ...

MELANIJA. Ach, du willst mir was weismachen.

TSCHEPURNOI. Die Sache ist die: Pyro heißt Pyrotechnik und Metamorphose – Kunststück. Was ist damit? Er gibt dir wohl jetzt Lektionen auf?

MELANIJA. Das geht dich nichts an. Mach, daß du fortkommst.

TSCHEPURNOI. Wenn du ihn aber seiner Frau abjagst, so laß nur eine Seifenfabrik bauen: den Chemiker hast du dann ganz umsonst ... *Geht in den Garten.*

MELANIJA. Wie grob du bist, Boris! Steht auf und zieht sich um.

FIMA *tritt ein.* Jelisaweta Fjodorowna läßt Sie bitten, in den Garten zu kommen.

MELANIJA. Gut ... *Antonowna bringt einen Kessel mit heißem Wasser, Fima klappert mit dem Tafelgeschirr.* Was tragen Sie da, Antonowna?

ANTONOWNA. Kochendes Wasser für den Herrn ...

MELANIJA. Ach, wohl zum Experimentieren ...

ANTONOWNA. Ja, alles zum Experimentieren ... *Ab.*

MELANIJA *blickt ins Speisezimmer.* Fima!

FIMA *in der Tür.* Sie wünschen?

MELANIJA. Geht die gnädige Frau täglich zu dem Maler?

FIMA. Wenn's regnet und wenn's trüb ist, geht sie nicht zu ihm. Dann pflegen Herr Wagin herzukommen ...

MELANIJA. Du, Fima, bist du klug?

FIMA. Dumm bin ich nicht ...

MELANIJA. Wenn du was merkst zwischen ihnen, willst du es mir sagen? Verstehst du?

FIMA. Ich habe verstanden ...

MELANIJA. Nimm *gibt ihr Geld* und – schweige. Es wird dein Schade nicht sein.

FIMA. Danke ergebenst. Er küßt ihr die Hand.

MELANIJA. Das will nicht viel sagen. Paß nur auf!

FIMA. Wie Sie befehlen … Ich verstehe.

MELANIJA. Ich geh in den Garten. Wenn Pawel Fjodorowitsch kommt, so ruf mich.

FIMA. Jawohl. *Antonowna tritt ein.*

ANTONOWNA. Du lärmst mit dem Geschirr, als wäre es aus Eisen. Du wirst alles zerschlagen …

FIMA. Was, ich? Als ob ich nicht wüßte, wie man mit Geschirr umgehen muß.

ANTONOWNA. Na, na, trumpf nicht so auf! Was hat die Kaufmannsfrau dich gefragt?

FIMA *indem sie ins Nebenzimmer abgeht.* Sie hat sich nach dem Befinden des Fräuleins erkundigt …

ANTONOWNA *folgt ihr.* Sie kann ja selbst hingehen und sich erkundigen, was braucht sie die Dienstboten auszufragen? *Von der Terrasse tritt Nasar Awdejewitsch ein, nimmt die Mütze ab, sieht sich im Zimmer um, befühlt die Tapete und räuspert sich.*

FIMA *im Speisezimmer.* Sie ist ja sowieso hingegangen. Dienstboten sind gewissermaßen auch Menschen, und Sie gehören ja auch zu den Dienstboten …

ANTONOWNA. Ich weiß, wer ich bin. Früher sprachen Herrschaften nicht mit den Dienstboten … sie erteilten nur Befehle – und das war alles … ja! Jetzt ist's anders geworden; alle möchten Herren sein, nur taugen sie nicht alle dazu. Wer ist da?

NASAR. Wir sind es. Einen recht schönen guten Tag, liebe alte Antonowna!

ANTONOWNA. Was wollen Sie?

NASAR. Ich möchte gerne Pawel Fjodorowitsch … Ich würde ihn gern sprechen …

ANTONOWNA. Nun … Ich werde ihn sofort rufen … *Ab.*

FIMA *blickt ins Zimmer.* Guten Tag, Nasar Awdejewitsch!

NASAR. Sie sind das, Sie kleines Rotbäckchen, kleiner Spitzbube!

FIMA. Bitte recht sehr! Nicht anfassen ...

NASAR. Na, Sie werden doch gegen einen armen Witwer nicht so hart sein? So des Abends ein Gläschen Tee mit ihm zu trinken ...

FIMA. Pst! ... *Protassow tritt auf. Hinter ihm Antonowna.*

PROTASSOW. Sie kommen zu mir?

NASAR. Wie Sie sehen!

PROTASSOW. Was gibt's?

NASAR. Es handelt sich um die Miete ...

PROTASSOW *ein wenig gereizt.* Hören Sie mal: Als ich Ihnen dieses Haus verkaufte, mußte ich zwei volle Jahre auf das Geld warten ... und Sie ... wann soll ich zahlen?

NASAR. Es hätte gestern geschehen sollen ...

PROTASSOW. Na, hören Sie mal, das ist doch ungehörig ... Ich bin beschäftigt ... Sie kommen her ... und überhaupt ...

NASAR. Ja. Eigentlich bin ich nicht deswegen gekommen ... Von dem Gelde sprach ich nur so ... um mich selbst daran zu erinnern ...

PROTASSOW. Erinnern Sie die Alte oder meine Frau daran ... Das Geld ist da, aber – weiß der Teufel, wo es ist! Irgendwo in der Kommode ... Meine Frau wird's Ihnen schicken ... oder die Antonowna bringt's Ihnen ... Auf Wiedersehen! *Antonowna geht ab ins Speisezimmer.*

NASAR. Gestatten Sie noch einen Augenblick!

PROTASSOW. Was soll das heißen? Warum?

NASAR. Nun, wegen Ihres Gütchens ...

PROTASSOW. Was soll's damit?

NASAR. Eigentlich sollten Sie es verkaufen ...

PROTASSOW. Welcher Narr wird es kaufen? Es taugt ja nichts ... Alles Land herum ist Sand ...

NASAR *nachdenklich.* Da haben Sie recht! Das Land taugt in der Tat nichts!

PROTASSOW. Nun sehen Sie.

NASAR. Außer mir kauft's Ihnen kein Mensch ab ...

PROTASSOW. Weshalb wollen Sie es denn haben?

NASAR. Sehen Sie, ich habe von Ihren Nachbarn Land gekauft und möchte nun gern auch von Ihnen – ich kann es brauchen ...

PROTASSOW. Nun schön; kaufen Sie! Sie werden immer reicher – was?

NASAR. Das heißt – wie soll ich sagen – ich breite mich aus.

PROTASSOW. Sie sind komisch! Nun, wozu brauchen Sie den Sandhaufen?

NASAR. Ja, sehen Sie ... Mein Sohn hat die Handelsschule durchgemacht, ist ein sehr gebildeter Mensch. Er versteht sich sehr gut auf die Industrie, und so habe ich mir nun in den Kopf gesetzt, die russische Industrie zu fördern ... Da will ich denn eine kleine Fabrik anlegen und Bierflaschen blasen ... *Fima erscheint in der Tür des Speisezimmers und horcht.*

PROTASSOW *lacht laut auf.* Nein, Sie sind ein komischer Kauz! Und Ihre Pfandleihe wollen Sie schließen?

NASAR. Warum? Die Pfandleihe – das ist etwas fürs Herz ... das ist eine Wohltätigkeitsanstalt ... sie steht im Dienste der Mitmenschen ...

PROTASSOW *lachend.* So? Nun gut ... Kaufen sie mein Land ... kaufen sie es doch ... Auf Wiedersehen! *Geht lachend ab.*

NASAR. Gestatten Sie, hm ... Jefimija Iwanowna, warum geht er denn weg? Zu einem Geschäft gehören doch zwei, und nun ist er fort!

FIMA *zuckt die Achseln.* Man weiß ja, er hat's.

NASAR. Hm, das verstehe ich nicht! Nun denn – auf Wiedersehen! *Ab.*

ROMAN *hinter Fima.* Wo raucht der Ofen?

FIMA. Ach, platzen sollst du! Was willst du?

ROMAN. Was gibt's denn hier zu erschrecken? Man sagt mir, ein Ofen raucht …

MISCHA *aus dem Speisezimmer tretend.* Nicht hier, du Esel! in der Küche!

ROMAN. Na, und ich dachte, hier. *Ab.*

MISCHA *hastig.* Nun, Fimuschka, wie steht's? Quartier und fünfzehn Rubel monatlich – gilt's?

FIMA. Machen Sie, daß Sie weiterkommen, Frechdachs! Was soll das heißen – als ob Sie ein Pferd kaufen wollten!

MISCHA. Nun, nun! Ich bin Geschäftsmann. Bedenke, wen kannst du denn heiraten? Einen Handwerker, der dich prügeln wird, wie unser Schlosser seine Frau. Und **ich** richte dich einfach, aber hübsch ein. Du wirst satt werden, und dann … werde ich dich ausbilden …

FIMA. Na, Sie sind mir einer … Ich bin ein anständiges Mädchen … Übrigens hat mir der Schlächter Chrapow hundert Rubel monatlich geboten …

MISCHA. Das ist doch ein Greis, du Närrin! Denk doch nur …

FIMA. Ich will ja auch nicht …

MISCHA. Nun siehst du, mein kleines Schaf, ich würde dir aber …

FIMA. Geben sie fünfundsiebenzig …

MISCHA. Was? Fünfundsiebenzig?

FIMA. Ja, und dann einen Wechsel für den ganzen Jahresbetrag …

MISCHA *überrascht.* Na, hören Sie mal …

FIMA. Na ja … *Sie sehen einander prüfend an. Von der Veranda tritt Jegor auf, ziemlich stark betrunken.* Still! Ihr Vater ist fortgegangen …

MISCHA. Entschuldigen Sie … *Ab.*

FIMA. Wohin schleichst du denn wieder? Kannst wohl nicht durch die Küche gehen? Der Herr kommt durch die Küche, und du …

JEGOR. Schweig … Ruf mir den Herrn …

FIMA. Und betrunken bist du auch! Wie soll denn der Herr mit dir reden?

JEGOR. Das ist nicht deine Sache! Ruf ihn! Ich selbst will ihn sprechen … Geh!

FIMA *läuft ins Speisezimmer und ruft.* Alte! – Antonowna!

PROTASSOW *tritt aus der Portiere hervor.* Was schreien Sie, Fima? Ach, Sie sind's, Jegor … Was wollen Sie? Ich bin beschäftigt … beeilen Sie sich, bitte …

JEGOR. Warten Sie … ich bin nämlich ein bisschen beschwipst … Wenn ich nüchtern bin, kann ich nämlich nicht reden …

PROTASSOW. Nun gut … Um was handelt es sich? *Antonowna kommt aus dem Speisezimmer, hinter ihr Fima.*

JEGOR. Vorhin hast du mich vor Zeugen beleidigt … Hast angefangen, wegen meiner Frau zu sprechen … Wer bist du denn, daß du mich beleidigen darfst?

PROTASSOW. Nun, siehst du, Alte? Aha! Jegor, ich wollte Sie nicht beleidigen …

JEGOR. Nicht? Was denn? Seit meiner Jugend werde ich beleidigt …

PROTASSOW. Nun, ja, Jegor … ich verstehe …

JEGOR. Halt! Mich liebt keiner, und kein Mensch versteht mich, und meine Frau liebt mich nicht … aber ich will, daß man mich liebt, der Teufel soll sie holen …

PROTASSOW. Schreien Sie nicht …

ANTONOWNA. Ach, dieser versoffene Kerl – geh!

JEGOR. Bin ich ein Mensch oder nicht? Warum beleidigen mich alle?

ANTONOWNA. Um Gottes Willen, was ist denn mit dir? *Sie flüchtet ins Speisezimmer, man hört sie auf dem Hofe schreien.*

PROTASSOW. Beruhigen Sie sich, Jegor … Sehen Sie, die Antonowna hat mir gesagt …

22

JEGOR. Sie muß fort … dir ist ja schon der Bart gewachsen … Nirgends steht geschrieben, daß ein Bärtiger eine Amme braucht. – Du, hör mal: Ich schätze dich hoch … denn ich sehe: du bist ein besonderer Mensch … Das fühl ich … nun, umso beleidigender ist es für mich, daß du in der Gegenwart von anderen … Ach du! Willst du, so fall ich vor dir auf die Knie. Unter vier Augen – oh, das wäre für mich nicht beleidigend gewesen … aber in Gegenwart des Viehdoktors … Was aber meine Frau betrifft, die werd ich verprügeln … bis aufs Blut! Ich liebe sie, und sie muß mir … *Es kommen hereingelaufen Tschepurnoi, Melanija, Lisa, Antonowna, Fima.*

LISA. Was ist das? Was bedeutet das, Pawel?

TSCHEPURNOI *Lisa haltend.* Was gibt's? Nun?

PROTASSOW. Gestatten Sie, meine Herrschaften …

MELANIJA *zu Antonowna.* Lassen Sie den Portier holen!

ANTONOWNA *geht ab, schreiend.* Roman!

JEGOR. Huh, wie die Krähen zusammenfliegen! Jag sie fort, Pawel Fjodorowitsch!

TSCHEPURNOI. Wenn Sie jetzt nach Hause gehen wollten, guter Mann, wie wär das?

JEGOR. Ich bin kein guter Mann …

TSCHEPURNOI *zieht die Augenbrauen zusammen.* Aber gehen werden Sie doch! …

MELANIJA. Die Polizei muß geholt werden …

PROTASSOW. Bitte sehr – das ist nicht nötig! Jegor, gehen Sie … und – nachher komme ich selbst zu Ihnen. *Antonowna und Roman erscheinen in der Tür zum Speisezimmer.*

JEGOR. Oh! Du kommst zu mir?

PROTASSOW. Ich komme!

JEGOR. Nun, schön … Nur paß auf! Wenn du lügst –

PROTASSOW. Ehrenwort!

JEGOR. Schön! Nun leb wohl … alle diese Leute sind im Vergleich zu dir Staub … Leb wohl. *Ab.*

ROMAN. Mich braucht man also nicht?

PROTASSOW. Nein, es ist gut … Sie können gehen … Puh … Na, siehst du, Alte? *Antonowna seufzt.* Da hast du was Schönes angerichtet …

LISA. Ich fürchte mich vor diesem Menschen … Er macht mir Angst!

MELANIJA. Das muß man Ihnen nachsagen, Pawel Fjodorowitsch, Sie sind zu zartfühlend!

PROTASSOW. Aber ich fühle tatsächlich, daß ich mich gegen ihn vergangen habe …

LISA. Wir müssen uns nach einem andern Schlosser umsehen, Pawel.

TSCHEPURNOI. Alle Handwerker – sind Trunkenbolde.

PROTASSOW. Wie das nervös macht und ermüdet! Ich habe heute Pech … Muß mich da wegen allerhand Albernheiten herumschlagen … Da hab ich ein fertiges Experiment mit Zyankali, und hier muß ich … gieß mir Tee ein, Lisa!

LISA. Ich werde den Tee hierherbringen lassen … du magst ja das kleine Speisezimmer nicht … *Ab.*

PROTASSOW. Ja … schön … Ich mag überhaupt keine dunklen Zimmer, und helle gibt's in diesem Hause nicht …

MELANIJA. Ah, ich verstehe Sie, Pawel Fjodorowitsch!

TSCHEPURNOI. Melanija! Wie heißt dieses Wort?

MELANIJA. Welches Wort?

TSCHEPURNOI. Du hast mich doch danach gefragt …

MELANIJA. Nichts habe ich gefragt …

TSCHEPURNOI. Hast du's vergessen? Nun sieh mal an? Wissen Sie, Kollege, wenn sie von Ihnen ein gelehrtes Wort hört, dann fragt sie mich, was es bedeutet.

MELANIJA *beleidigt.* Du, Boris … Du bist ein schrecklicher Mensch! Ich habe ein schlechtes Gedächtnis für Fremdwörter … Was ist da zu lachen? *Fima erscheint, deckt gewandt den Tisch beim Fenster und trägt vorsichtig das Teeservice auf.*

PROTASSOW. Wonach haben Sie ihn gefragt?

MELANIJA *mit reuiger Miene.* Ich … hab vergessen, was Hydrato-pyro-morphismus ist.

TSCHEPURNOI. Und ich habe ihr gesagt, daß es Wasserfeuerwerk bedeutet …

PROTASSOW *lachend.* Wa–as? *Lisa tritt ein und macht sich am Tisch zu schaffen.*

MELANIJA. Schämst du dich nicht, Boris!

PROTASSOW *lächelnd.* Eure Beziehungen zueinander sind doch merkwürdig … Es scheint, ihr zankt euch fortwährend … Entschuldigen Sie, vielleicht hab ich eine Taktlosigkeit begangen? Mal Ach, hören Sie auf! Boris mag mich nicht … wir sind einander fremd … Er ist in Poltawa bei einer Tante erzogen worden, ich – in Jaroslawl bei einem Onkel … sind wir doch beide Waisen …

TSCHEPURNOI *sehr trocken.* Ach, wir Ärmsten.

MELANIJA. Wir haben uns kennengelernt, als wir schon erwachsen waren … und haben einander nicht gefallen … Boris liebt ja niemanden … Es ist ihm im Leben nicht geglückt, und darum ist er allen gram … Er kommt auch nicht zu mir …

TSCHEPURNOI. Wissen Sie, Kollege, als ihr Mann, der gute Alte, noch lebte – und ich zu ihr kam, bat er mich, ihn zu kurieren …

MELANIJA. Du lügst ja!

TSCHEPURNOI. Ich antwortete ihm, daß ich nicht jedes Vieh kurieren könnte …

LISA. Boris Nikolajewitsch! *Protassow lächelt gezwungen.*

TSCHEPURNOI. Bin ich zu weit gegangen?

LISA. Trinken Sie Tee …

TSCHEPURNOI. Und machen Sie, daß Sie nach Hause kommen. Ich verstehe ...

MELANIJA. Pawel Fjodorowitsch, Sie wollten mir doch die Algen im Wasser unter dem Mikroskop zeigen?

PROTASSOW. Das heißt, eine Zelle einer Alge ... Ja, gewiß ... hm ... das läßt sich machen ... sogar gleich. Wollen Sie?

MELANIJA. Ach bitte! Ich würde mich sehr freuen ...

PROTASSOW. Kommen Sie! Ich mache Sie nur darauf aufmerksam, daß es dort – riecht ...

MELANIJA *folgt ihm.* Das macht nichts!

TSCHEPURNOI. Welche Komödie! Wasseralgen will sie sehen, die Kuh!

LISA *betrübt pikiert.* Boris Nikolajewitsch! Sie sind so schlicht, wahrheitsliebend und stark ... aber ...

TSCHEPURNOI. Na, schlagen Sie doch gleich zu!

LISA. Warum wollen Sie durchaus so grob erscheinen? Sie machen sich unangenehm und lächerlich. Warum?

TSCHEPURNOI. Aber ich will es ja gar nicht ...

LISA. Das Leben hat so viel Rohes, so viel Schreckliches ... und Grausames ... daß man milder und besser werden müßte ...

TSCHEPURNOI. Wozu soll man denn lügen? Wenn die Menschen roh und grausam sind, liegt es in ihrer Natur ...

LISA. Nein, das ist nicht richtig!

TSCHEPURNOI. Nicht richtig? Sie selbst denken doch so ... und fühlen so ... Haben Sie nicht selbst gesagt, daß die Menschen – Tiere, daß sie roh und schmutzig sind, und daß Sie sich vor ihnen fürchten? Das weiß ich auch, und ich glaube es Ihnen ... Aber wenn sie mir einreden wollen – daß man die Menschen **lieben** muß, so glaube ich Ihnen nicht. Das sagen Sie nur aus Furcht ...

LISA. Sie verstehen mich nicht! ...

TSCHEPURNOI. Das kann sein … aber ich verstehe, daß man etwas Nützliches und Angenehmes lieben kann, z. B. Ein Schwein, das uns Schinken und Speck gibt, Musik, Krebse, Bilder kann man lieben … Aber den Menschen – nein! Er ist weder nützlich noch angenehm …

LISA. Um Gottes Willen! Warum reden Sie so?

TSCHEPURNOI. Man muß die Wahrheit aussprechen, die man fühlt … Auch ich habe versucht, gut zu sein. Hab mir da einen Jungen von der Straße aufgelesen und dachte daran, ihn zu erziehen. Und was geschah? Er mauste mir meine Uhr – und riß aus! Dann hab ich mal ein junges Mädchen, auch von der Straße, zu mir genommen … ein ganz junges Ding. Ich dachte, nun, wir wollen zusammen leben, und dann werden wir heiraten … Eines schönen Tages betrank sie sich und fuhr mir in die Physiognomie.

LISA. Hören Sie auf! Können Sie denn nicht begreifen, daß man über solche Dinge nicht spricht?

TSCHEPURNOI. Aber warum denn nicht? Mir ist es ein Bedürfnis, mich einmal über mein ganzes Leben auszusprechen … Vielleicht wird meine Seele dadurch reiner …

LISA. Sie sollten heiraten …

TSCHEPURNOI. Haha! **Ich** sage auch – ich sollte heiraten …

LISA. Sie müßten ein junges Mädchen finden, das …

TSCHEPURNOI *gelassen*. Sie wissen doch: ein Mädchen hätt ich schon gefunden, und es sind jetzt bald zwei Jahre, daß ich sie umkreise wie der Bär den Honigspalt …

LISA. Sie – schon wieder? Lieber Boris Nikolajewitsch, ich habe Ihnen meinen endgültigen Entschluß mitgeteilt … Es ist unumstößlich und unabänderlich!

TSCHEPURNOI. Na, vielleicht doch? Ich bin ein Kleinrusse, und die sind halsstarrig … Also vielleicht doch? …

LISA *beinahe leidenschaftlich*. Nein! …

TSCHEPURNOI. Gut … Reden wir von was anderem …

LISA. Ihr Starrsinn erschreckt mich.

TSCHEPURNOI. Fürchten Sie sich nicht … Sie brauchen nichts zu fürchten … *Pause. Neben der Veranda brummt Roman. Zusammenfahrend sieht Lisa durchs Fenster.*

LISA. Warum behandeln Sie Ihre Schwester so schlecht?

TSCHEPURNOI *ruhig.* Erstens – ist sie eine Närrin, und dann ist sie gemein.

LISA. Um Gottes Willen!

TSCHEPURNOI. Ich hör schon auf, ich hör schon auf! Es ist ein Unglück, wenn einem Menschen die schönen Worte auf der Zunge fehlen! Meine Schwester, sagen Sie? Wer ist denn meine Schwester? Als sie zwanzig Jahre alt war, heiratete sie einen reichen alten Kerl – wozu das? Nachher hätte sie sich um ein Haar aus Widerwillen gegen ihn und aus Gram das Leben genommen. Einmal hat sie sich aufgehängt … und wurde bewußtlos aufgefunden, und schließlich hat sie noch Salmiakgeist … Jetzt – ist er tot – und sie ist immer noch wütend …

LISA. Vielleicht tragen Sie auch die Schuld daran? Warum sind Sie ihr keine Stütze gewesen? …

TSCHEPURNOI. Vielleicht hab ich Schuld, aber vielleicht habe ich sie auch gestützt …

LISA. Aber deshalb kann man sie doch nicht verurteilen …

TSCHEPURNOI. Ach, es ist ja nicht nur deshalb … Sie wissen nicht, warum sie hierherkommt … Ich aber weiß es.

LISA. Auf die Lösung Ihrer Rätsel verzichte ich! Fragen Sie sich lieber, wer Ihnen das Recht gegeben hat, sich zum Richter Ihrer Schwester aufzuwerfen?

TSCHEPURNOI. Und wer hat Ihnen das Recht gegeben, die Leute zu kritisieren? Alle Menschen gebrauchen dieses Recht, ohne jede Ermächtigung … Nicht kritisieren ist so gut wie nicht essen, für den Menschen unmöglich …

MELANIJA *in großer Erregung, hinter ihr Protassow.* Pawel Fjodorowitsch ... Ich verstehe, aber – ist das wirklich wahr?

PROTASSOW. Gewiß. Alles – lebt. Das Leben ist überall, und
überall sind Geheimnisse. In der Welt der wunderbar tiefen
Rätsel des Daseins verkehren, die Energie des Gehirns zu ihrer
Ergründung gebrauchen, das ist das wahre Menschenleben; das
ist ein unerschöpflicher Quell des Glücks und ewiger Freude.
Nur im Bereiche der Vernunft ist der Mensch frei, nur dann
ist er Mensch, wenn er Vernunft hat – und wenn er Vernunft
hat, ist er ehrlich und gut! Das Gute ist mit Vernunft geschaffen
– und außerhalb des Bewußtseins existiert das Gute nicht. *Sieht
rasch nach der Uhr.* Ah. Verzeihen Sie ... Ich muß gehen ...
Bitte ... Hol's der Teufel! *Ab.*

MELANIJA. Wenn Sie gehört hätten, was er da gesagt hat, wie
er gesprochen hat! Zu mir hat er gesprochen, nur zu mir, Melanija Kirpitschowa, ja! Zum ersten Male in meinem Leben hat
man so mit mir gesprochen ... Von solchen Wundern ... Mit
mir! *Boris lacht.* Was lachst du? *Mit Tränen in den Augen.* Ich
sag doch nicht, daß ich ihn verstanden hab; hab ich behauptet,
daß ich seinem Gedankengang gefolgt bin? Ich – eine Närrin
... Jelisaweta Fjodorowna, bin ich lächerlich? Liebste, Beste ...
denken Sie mal: man lebt und lebt, als ob man schläft ...
plötzlich – wird man aufgerüttelt, man schlägt die Augen auf,
es ist Tag, die Sonne – man ist geblendet vor soviel Licht auf
einmal, und dann atmet man mit ganzer Seele auf – in so reiner
Freude wie beim Frühgottesdienst in der Osternacht.

TSCHEPURNOI. Was ist denn mit dir?

LISA. Trinken Sie Tee ... Setzen Sie sich! Sie sind so erregt ...

MELANIJA. Das kannst du nicht verstehen, Boris! Nein, ich
danke bestens ... ich werde keinen Tee trinken ... ich muß
gehen. Sie müssen mich entschuldigen, Jelisaweta Fjodorowna.
Ich habe Sie nervös gemacht! Ich gehe. Auf Wiedersehen! Ihm

sagen Sie nur … daß ich gegangen bin … daß ich ihm dankbar bin … Gott, wie groß, wie herrlich er ist! – *Ab durch die Verandatür.*

TSCHEPURNOI. Was ist mit ihr los? Ich versteh's nicht …

LISA. Ich – versteh's. Einst hat Pawel auch auf mich so gewirkt … Er sprach, und mir war's, als fiele mir die Binde von Augen und Hirn … Dann war alles so klar, so harmonisch, rätselhaft, und doch einfach, klein und doch großartig, aber dann habe ich das wahre Leben kennengelernt, das Leben voller Schmutz, voll Bestialität und unsinniger Grausamkeit. Zweifel und Entsetzen überwältigten mich … und dann kam ich ins Krankenhaus …

TSCHEPURNOI. Sie sollten nicht daran denken … Lassen Sie das Krankenhaus? Das war einmal und ist nun vorbei …

LISA. Genug davon. *Auf der Veranda erscheinen Jelena und Wagin.*

TSCHEPURNOI. Ach, da kommt jemand … Aha, Jelena Nikolajewna … und der Maler … Na, es ist Zeit, daß ich gehe …

JELENA. Ah, Boris Nikolajewitsch! Lisa, ist Pawel in seinem Zimmer? Lisa, bitte gieß mir etwas Tee ein … *Geht in das Zimmer ihres Mannes.*

TSCHEPURNOI. Warum sind Sie so blaß und fassungslos, Dimitrij Sergejewitsch?

WAGIN. Wirklich? Ich weiß nicht! Machen Sie im Malen gute Fortschritte, Lisa?

LISA. Heute hab ich nicht gemalt.

WAGIN. Schade, die Farben beruhigen die Nerven …

TSCHEPURNOI. Nun, Ihnen merkt man das gerade nicht an …

WAGIN. Nicht alle, selbstverständlich …

LISA *seufzend.* Auch – die rote nicht …

TSCHEPURNOI. Auf Wiedersehen … Ich geh … Ich geh an den Fluß Krebse fangen. Und dann – werde ich sie kochen und essen, Bier trinken und rauchen. Bemühen Sie sich nicht, bleiben Sie sitzen, Jelisaweta Fjodorowna, ich komme wieder ... Schon morgen. *Jelena kommt zurück* Auf Wiedersehen, Jelena Nikolajewna!

JELENA. Sie gehen – auf Wiedersehen ... *Tschepurnoi und Lisa ab.*

WAGIN. Arbeitet er?

JELENA. Ja ... er wird bald kommen ...

WAGIN. Ist er noch immer mit dem verrücken Versuch beschäftigt, den Homunkulus zustande zu bringen ...

JELENA. welch ein Ton ... Schämen sollten Sie sich!

WAGIN. Mich ärgert diese alberne Marotte eines Pedanten! Und ich kann ihm nicht verzeihen, wie er sich Ihnen gegenüber benimmt. Das ist geradezu ungeheuerlich ...

JELENA. Ich bereue, daß ich mich habe hinreißen lassen, aufrichtig mit Ihnen zu sprechen ...

WAGIN. Sie müssen frei werden, und den, der Sie nicht zu schätzen weiß, dürfen Sie nicht bedauern ...

JELENA. Das werde ich auch tun ... Sie sollen sehen!

WAGIN. Wann? Worauf warten Sie?

JELENA. Ich muß mir Gewißheit darüber verschaffen, welchen Platz ich in seinem Herzen einnehme ...

WAGIN. Gar keinen!

JELENA. Wenn das so ist, dann gut, dann ist die Lösung einfach: bin ich ihm nichts – so geh ich. Aber wenn nicht? Wenn seine Liebe nur müde ist, wenn sie nur zurückgewichen ist in die Tiefe seiner Seele, vor der Gewalt der Idee, die ihn ergriffen hat, was dann? Wenn ich von ihm ginge, und plötzlich in seinem Herzen von neuem ...

WAGIN. Das wäre Ihnen wohl lieb, ja?

JELENA. Bedenken Sie, das wäre eine Tragödie! Und ich – kann Tragödien nicht leiden.

WAGIN. So ängstigen Sie sich um ihn?

JELENA. Ich will ihm sein Leben nicht verbittern ...

WAGIN. Sie überlegen, das heißt, Sie wollen nicht. Getrieben von einem mächtigen Verlangen, überlegen nicht ...

JELENA. Die Bestien! – Die Tiere ... überlegen nicht, aber der Mensch muß überlegen, damit das Schlechte auf Erden vermindert wird ...

WAGIN. Sich selbst der Pflicht zum Opfer bringen und so weiter ... Lisa übt mit ihrer herben Philosophie einen schlechten Einfluß auf Sie aus ...

JELENA. Das Schlechte ist widerwärtig. Das Leiden ist abstoßend ... Ich empfinde das Leiden als persönliche Demütigung; und anderen Leiden zufügen ist häßlich und gemein.

WAGIN. Wie überlegen Sie reden! Aber aus Ihren Worten spricht doch die Seele einer Sklavin ... Sie bringen sich zum Opfer ... wem? Einem Menschen, der das Leben in dem dumpfen Bemühen, seinen Ursprung zu finden, vertrödelt! Eine alberne Idee! Er dient dem düsteren Tode ... und nicht der Freiheit, nicht der Schönheit und der Freude. Es bedarf Ihres Opfers nicht ...

JELENA. Ruhe, mein Freund! Ich spreche nicht von Opfer ... Und ich habe keine Veranlassung, an die Tiefe Ihrer Gefühle zu glauben ...

WAGIN. Sie glauben nicht an meine Liebe?

JELENA. Nehmen wir an ... ich traue mir selbst nicht. *Lisa kommt herein.*

WAGIN. Wie sind Sie kaltherzig!

JELENA. Ich spreche aufrichtig ...

LISA. Heute hat man Pawel den ganzen Tag gestört ...

JELENA. Wer?

LISA. Alle, die Wärterin, dieser Schlosser, der Hauswirt ...

JELENA. Pawel war wohl ärgerlich?

LISA. Ich glaube wohl ...

JELENA. Wie unangenehm ... *Wagin tritt auf die Veranda.*

LISA. Verzeih mir, aber du kümmerst dich sehr wenig um ihn.

JELENA. Er hat mir nie etwas gesagt ...

LISA *steht auf.* Vielleicht, weil sich mit dir nicht gut reden läßt
... *Will ab nach oben.*

JELENA *weich.* Lisa! Du fängst wieder an ... Lisa, du hast unrecht
... hör doch ... *Lisa antwortet nicht; Jelena sieht ihr nach, zuckt
mit den Achseln, zieht die Brauen zusammen und geht langsam
auf die Veranda. Fima kommt aus dem Speisezimmer heraus.*

FIMA. Gnädige Frau!

JELENA. Ah ... Was gibt's?

FIMA. In Ihrer Abwesenheit kam Melanija Nikolajewna zu mir
und sagte ... *Pause.*

JELENA *nachdenklich.* Na, was hat sie denn gesagt?

FIMA. Es schien mir so unpassend ...

JELENA. Wenn es unpassend ist, muß man's nicht wiederholen ...

FIMA. Sie sagte zu mir: »Paß auf die gnädige Frau auf – das heißt
auf **Sie!**

JELENA. Was soll das? Sie setzen sich immer Dummheiten in
den Kopf ... Fima, bitte gehen Sie!

FIMA. Das sind keine Dummheiten, Ehrenwort! »Paß auf sie auf«
sagte sie »und auf Herrn Wagin ...«

JELENA *halblaut.* Gehen Sie fort!

FIMA. Ich bin doch unschuldig! Und hier hat sie mir auch einen
Rubel gegeben ...

JELENA. Hinaus! *Fima entfernt sich schnell. Protassow kommt eilig
hinter der Portiere hervor.*

PROTASSOW. Was schreist du, Lena? Aha, Krieg mit Fima ...
Weißt du, das ist ein merkwürdiges Frauenzimmer. Sie hat so
kuriose Röcke: Sie bleiben überall hängen, werfen alles herunter
und zerschlagen alles ... Ich bleib ein paar Augenblicke bei dir
... gieß mir, bitte, etwas Tee ein ... Und Dimitrij ist nicht gekommen?

JELENA. Er ist auf der Veranda.

PROTASSOW. Ist Lisa auch dort?

JELENA. Lisa ist in ihrem Zimmer ...

PROTASSOW. Du scheinst schlechter Laune zu sein?

JELENA. Ich bin ein wenig müde ...

PROTASSOW. Macht dein Porträt Fortschritte?

JELENA. Du fragst jeden Tag danach ...

PROTASSOW. Wirklich? Aha, da kommt Dimitrij ... Und böse! Weshalb?

WAGIN. Also, ich werde euch einmal euern Garten malen ... so zur Dämmerstunde.

PROTASSOW. Und darüber ärgerst du dich schon im voraus?

WAGIN. Bist du aber witzig!

JELENA. Wünschen Sie Tee?

PROTASSOW. Ihr seid beide schlechter Laune ... Ich geh in die Küche ... Dort habe ich ... Gieß mir noch Tee ein, Lena! ... *Steht auf, geht ab.*

WAGIN. Eines schönen Tages wird er sie ins eine Retorte stecken, mit irgendeiner Säure begießen und Ihre Empfindungen dabei notieren.

JELENA. Reden Sie keinen Unsinn! Wenn Sie nicht wollen ...

WAGIN *einfach, herzlich.* Ich habe noch nie ein so heftiges Gefühl empfunden, wie für Sie. Es quält mich ... aber es erhebt mich auch.

JELENA. Wirklich?

WAGIN. Ich möchte Ihnen besser, größer, erhabener erscheinen, als alle anderen ...

JELENA. Das ist gut ... Das freut mich für Sie ...

WAGIN. Jelena Nikolajewna, glauben sie mir ...

PROTASSOW *aus dem Speisezimmer, tritt an den Tisch heran und hält in der Hand ein Metallgefäß.* Alte, laß sein! Was

kümmere ich mich um die Köchin nebst ihrem Mann? Nimm
die Köchin als Ding an sich … und mich laß in Ruh!

JELENA. Antonowna! Ich habe Sie gebeten …

PROTASSOW. Diese Alte! Klebt an einem wie Harz, wie Naphta-
ablagerung! *Geht in sein Zimmer.*

JELENA. Ich hatte Sie gebeten, Pawel nicht zu ärgern.

ANTONOWNA. Gestatten Sie, Mütterchen Jelena Nikolajewna,
wer ist Herr in diesem Hause? Pawluscha – ist beschäftigt, Lisa
– krank, und Sie sind den ganzen Tag nicht zu Hause …

JELENA. Aber Pawel darf man nicht mit Kleinigkeiten belästigen …

ANTONOWNA. Darauf passen **Sie** ja auf – nicht wahr? …

JELENA. Das hat gerade noch gefehlt, daß Sie mir gute Lehren
geben …

ANTONOWNA. Was denn? Wenn ich sehe, wie das Haus sich
selbst überlassen ist und kein Mensch auf Pawluscha achtet …

JELENA *sanft.* Ich bitte Sie recht sehr, gehen Sie jetzt fort!

ANTONOWNA. Gut. – Aber die selige Generalin hat nie geruht,
mich aus dem Zimmer zu jagen … *Geht gekränkt ab. Jelena
steht auf und geht nervös im Zimmer auf und ab. Wagin sieht
sie lächelnd an.*

JELENA. Das macht Ihnen Spaß?

WAGIN. Etwas Dummheit ist immer lustig! *Leidenschaftlich.* Sie
müssen fort aus diesem Hause! Sie sind geschaffen für ein
schönes, freies Leben …

JELENA *nachdenklich.* Ist ein solches Leben möglich, wenn man
überall von rohen Menschen umgeben ist? Es ist merkwürdig,
je bedeutender ein Mensch ist, umso mehr ist er mit Abge-
schmacktheiten behaftet … So treibt der Wind die Spreu gegen
die Mauer eines hohen Gebäudes … *Protassow tritt ein, er ist
niedergeschlagen und bleich. Es liegt in ihm etwas Kindliches,
Hilfloses, etwas Flehendes in seiner Aufrichtigkeit; er spricht nicht*

laut, als fühle er sich einer Schuld bewußt. Was ist denn, Pawel, was fehlt dir?

PROTASSOW. Es hat sich zersetzt – verstehst du? Ja, es hat sich zersetzt … Und doch war das Experiment sehr sorgfältig gemacht … ich habe nichts außer acht gelassen … *Er blickt auf seine Frau, aber als ob er sie nicht sähe, tritt an den Tisch, setzt sich. Bewegt nervös die Finger … holt aus der Tasche ein Notizbuch hervor, zeichnet rasch mit dem Bleistift und vertieft sich darin. Wagin drückt Jelena die Hand und geht.*

JELENA *halblaut.* Pawel … *lauter* lieber Pawel … du bist wohl sehr betrübt? ja?

PROTASSOW *durch die Zähne.* Wart … warum hat es sich zersetzt …

Zweiter Aufzug

Rechts die Mauer eines Hauses und eine breite Veranda mit einem Geländer. Aus dem Geländer sind einzelne Stücke herausgefallen; auf der Veranda zwei Tische; ein großer Speisetisch und ein kleiner, auf ihnen liegen Würfel und ein Lottospiel. Der hintere Teil der Veranda ist mit einer Markise überdacht. Auf der ganzen Länge des Hofes bis zum Zaun im Hintergrunde sieht man ein altes grünes Gitter und dahinter einen Garten. Aus der Ecke der Veranda treten Tschepurnoi und Nasar Awdejewitsch hervor.

NASAR. Also – es hat nichts zu sagen, es wird vorübergehen?

TSCHEPURNOI. Es ist nichts von Bedeutung ...

NASAR. Das – freut mich. Es ist zwar nur ein Pferdchen und nicht übermäßig schön, kostet aber immerhin Geld ... Sechzig Rubel hat's mich vor sieben Jahren gekostet, und wieviel Hafer hat es seit dieser Zeit gefressen ... Wenn das Tier nicht wieder zu kurieren ist, sagen Sie es gleich, dann werd' ich's verkaufen ...

TSCHEPURNOI. Sie glauben wohl – daß das Pferd bei einem andern gesund wird?

NASAR. Das geht mich nichts an! – Herr Doktor?

TSCHEPURNOI. Was?

NASAR. Ich habe an Sie eine etwas heikle Bitte, aber ich weiß nicht recht, wie ich sie vorbringen soll ...

TSCHEPURNOI *fängt an zu rauchen.* Fassen Sie sich kurz ...

NASAR. Ja, ja, ganz recht ... Meine kleine Bitte, sehen Sie ...

TSCHEPURNOI. Noch kürzer ...

NASAR. Es handelt sich um Herrn Protassow ...

TSCHEPURNOI. Aha ... nun?

NASAR. Sehen Sie, mein Sohn, der den Kursus in der Handels- und Industrieschule durchgemacht hat, sagt mir, daß heutzutage die Chemie große Fortschritte macht … und ich sehe selbst, Toilettenseifen, Parfüms, Pomaden und ähnliche Waren gehen gut und werfen eine großen Profit ab …

TSCHEPURNOI. Noch kürzer … *Mischa guckt aus der Ecke hervor, Tschepurnoi bemerkt ihn.*

NASAR. Das ist nicht möglich. Mein Plan ist sehr groß … Essig, z. B. Allerhand Essenzen … und vieles andere … und sehen Sie, wenn ich an Herrn Protassow denke: er verschwendet ohne Erfolg Zeit und Material … er wird sich in kurzem ruinieren, wenigstens glaub ich es … Nun dachte ich, daß Sie mit ihm sprechen sollten …

TSCHEPURNOI. Über den Essig? …

NASAR. So im allgemeinen … Sie müssen betonen, daß er bald mittellos dastehen wird … und so will ich ihm ein Geschäftchen vorschlagen: ich baue ihm eine kleine Fabrik, und er wird nützliche Waren herstellen. Geld ins Geschäft einzuschießen hat er nicht, aber ich nehm auch Wechselchen …

TSCHEPURNOI *lächelnd.* Ach – sind Sie aber gut!

NASAR. Ich hab ein sehr weiches Herz. Wenn ich seh, daß sich ein Mensch nutzlos abmüht, dann möcht ich ihm Gelegenheit geben, sich nützlich zu machen. Außerdem ist er ein Mann, der Beachtung verdient. Am Geburtstag seiner Frau, da hat er ein Feuerwerk gemacht – großer Gott, welche Kunstfertigkeit hat er gezeigt … Na, werden Sie mit ihm sprechen? *Fima erscheint auf der Terrasse und bereitet den Tee.*

TSCHEPURNOI. Ich will mit ihm reden …

NASAR. Ich glaube, Sie werden ihm einen großen Dienst erweisen … Vorläufig – Auf Wiedersehen.

TSCHEPURNOI. Auf Wiedersehen. *Zu Fima.* Wo sind die Herrschaften?

FIMA. Der Herr ist in seinem Zimmer. Jelena Nikolajewna ist im Garten ... mit Herrn Wagin. Auch Jelisaweta Fjodorowna ist da ...

TSCHEPURNOI. Dann will ich auch in den Garten gehen ...

MISCHA *kommt rasch aus der Ecke hervor.* Entschuldigen Sie, ich habe nicht den Vorzug, ihren Namen zu kennen ...

TSCHEPURNOI. Ich kenne ja Ihren Namen auch nicht ...

MISCHA. Michail Nasarow Wygrusow – zu Ihren Diensten!

TSCHEPURNOI. Was für Dienste? Ich will von Ihnen nichts ...

MISCHA *sehr unterwürfig.* Das sagt man so aus Höflichkeit. Ich war zufällig Zeuge Ihrer Unterredung mit meinem Vater ...

TSCHEPURNOI. Ich habe diesen Zufall gesehen ... Sagen Sie, warum zappeln Sie so mit den Beinen?

MISCHA. Das kommt von der Ungeduld ... Ich habe sehr hitziges Blut ...

TSCHEPURNOI. Was soll das hier?

MISCHA. Wie, was meinen Sie? Ich bin sehr lebhaft ... überhaupt ...

TSCHEPURNOI. Ah, ich begreife ... Auf Wiedersehen!

MISCHA. Gestatten Sie! Ich muß Ihnen sagen ...

TSCHEPURNOI. Was sagen? ...

MISCHA. In bezug auf Papas Vorschlag. Sehen Sie, das ist meine Idee ... Papa hat sie Ihnen nicht ganz klar auseinandergesetzt ...

TSCHEPURNOI. Tut nichts, ich hab's begriffen ...

MISCHA. Vielleicht erweisen Sie mir die Ehre, heute abend um neun Uhr im Restaurant Paris in der Troizkajastraße mein Gast zu sein?

TSCHEPURNOI. Wissen Sie, diese Ehre erweise ich Ihnen nicht.

MISCHA. Das ist aber sehr bedauerlich ...

TSCHEPURNOI *atmet erleichtert auf.* Ja, sehr bedauerlich ... *Geht in den Garten.*

MISCHA *sieht ihm verächtlich nach.* Der Flegel! Ein echter Viehdoktor!

FIMA. Sehen Sie! Nicht einmal sprechen will er mit Ihnen!

MISCHA. Weißt du, Fimuschka, was ich dir antun kann?

FIMA. Nichts ...

MISCHA. Sieh mal, ich kann zur Anzeige bringen, daß du mir den Ring, den ich dir geschenkt habe, gestohlen hast ... Der Gehilfe des Polizeimeisters ist ein Bekannter von mir ...

FIMA. Damit kannst du mich nicht schrecken! Der macht mir den Hof, der Herr Gehilfe!

MISCHA. Umso schlimmer für dich ... Nein, Fima, ich scherze nur. Wollen wir ernsthaft miteinander reden: Fünfundzwanzig und eine Wohnung – abgemacht?

FIMA. Gehen Sie fort – ich bin ein anständiges Mädchen ...

MISCHA. Eine Närrin bist du ... das ist alles! Hör mal! – ich habe einen Freund, er heißt Sotikow, und ist hübsch und reich ... soll ich dich mit ihm bekannt machen.

FIMA. Zu spät! Er hat mir schon zweimal geschrieben ... äh?

MISCHA *ärgerlich.* Lügst du nicht? Ach, der Schuft! Nun, es gibt eben Gemütsmenschen! So eine Gemeinheit ... pfui! Du, Fima, bist aber ein Prachtmädel ... Ich würde dich heiraten, wenn ich nicht eine Reiche nehmen müßte ...

FIMA *flüsternd.* Die Herrschaft kommt ... *Aus dem Garten treten Lisa und Tschepurnoi hervor.*

LISA *zu Mischa.* Sie wünschen?

MISCHA. Ich habe Ihrem Dienstmädchen eingeschärft, daß sie chemische Flüssigkeiten nicht aus dem Fenster in den Garten gießen soll ... Die Gartenpflanzen leiden darunter, und gerade jetzt ist's gefährlich: die Cholera, sagt man, kommt. Haben Sie nichts davon gehört?

TSCHEPURNOI. Auf Wiedersehen, junger Mann!

MISCHA. Ich habe die Ehre. *Schnell ab.*

LISA *geht auf die Terrasse.* Hat der ein freches Gesicht ...

TSCHEPURNOI. Der Kollege will lebende Materie herstellen – wozu? Hier ist welche ... na, und was für eine ... Oder ich, zum Beispiel ... ich bin auch lebende Materie, und welchen Sinn habe ich?

LISA. Sie sind heute so schwermütig ... Kommen Sie, wir wollen unsere Partie beenden ... Setzen Sie sich. Ich habe 6, 23. *Lotto.*

TSCHEPURNOI. Und ich 10, 29.

LISA. Ich begreife nicht ... 8, 31 ... Sie sind so gesund und stark ...

TSCHEPURNOI. 7, 36.

LISA. Sie interessieren sich für nichts und tun nichts ... 5, 36 ... Jetzt, wo das Leben eine so tragische Note bekommt, der Haß überall wächst, und es wenig Liebe gibt –

TSCHEPURNOI. 36? – 10, 41.

LISA. Sie könnten so viel hineintragen in dieses Leben durch Ihre Arbeit – durch gute, vernünftige Arbeit ... Ich habe 8, 44.

TSCHEPURNOI. Ich habe schon vierzig Jahre hinter mir ... und 7, also 48.

LISA. Vierzig Jahre? Kinderspiel ... 10, 54.

TSCHEPURNOI. Und Sie haben mich verdorben ... 3, 51.

LISA. Ich? Ich sollte Sie verdorben haben?

TSCHEPURNOI. Ja ... Sie alle ... Ihr Bruder ... Jelena Nikolajewna ... Sie ...

LISA. 8 ... Ich bin zu Ende ... Wollen wir noch eine Partie spielen? Aber nicht laut zählen, das stört die Unterhaltung ... Erklären Sie mir lieber, wodurch wir Sie verdorben haben?

TSCHEPURNOI. Wissen Sie, bevor ich Sie kennenlernte, lebte ich mit großer Neugier ...

LISA. Mit Interesse?

TSCHEPURNOI. Nun ja, mit Neugier ... Ich wollte alles wissen. Sah ich ein neues Buch – so mußte ich es lesen, um zu sehen, was an ihm, außer dem Umschlag, neu war. Wurde ein Mensch auf der Straße geprügelt – blieb ich stehen, um zu sehen, ob er auch kräftige Prügel bekäme, manchmal fragte ich sogar, warum man ihn prügelte, und mit großer Neugier habe ich auch auf der Tierarzneischule studiert ...

ANTONOWNA *erscheint in der Tür.* Lisuschka – hast du deine Tropfen eingenommen?

LISA *ungeduldig.* Ja doch, ja ...

ANTONOWNA. Der Samowar kocht, und niemand kommt zum Tee ... O Gott, o Gott ... *Geht in den Garten.*

TSCHEPURNOI. Ich habe überhaupt alles mit Neugier verfolgt ... und war zu der Einsicht gekommen, daß das Leben schlecht eingerichtet ist – daß die Menschen habgierig und dumm sind, und daß ich besser bin als sie ... Dieses Bewußtsein war mir angenehm, und meine Seele war ruhig ... obgleich ich sah, daß es Menschen gibt, die am Leben schwerer zu tragen hatten als das Pferd, das ich behandelte, ja, daß es ihnen schlechter ging als einem Hund ... das erklärte ich mir damit, daß der Mensch dümmer ist als Hund und Pferd.

LISA. Wie kann man nur so reden? Sie glauben doch selbst nicht, was Sie sagen!

TSCHEPURNOI. Ja, so lebte ich und fühlte mich dabei gar nicht schlecht ... Aber dann geriet ich in dieses Haus und sah, der eine reibt sich mit seinem Studium auf, der andere phantasiert nur von Zinnober und Ocker, dann ist eine da, die heiter scheinen will ... und vernünftig ... und Sie blicken in die Tiefen und tragen in Ihrer Seele eine Tragödie ...

LISA. Aber womit haben wir Sie denn verdorben? Ich habe gewonnen ...

TSCHEPURNOI. Ich kann Ihnen das nicht so sagen ... Zu Anfang hat es mir bei Ihnen so gut gefallen daß ich sogar aufhörte, Schnaps zu trinken ... Das fiel mir umso leichter, als ich mich

an den Gesprächen mit Ihnen berauschen konnte … Aber dann
… verlor ich meine Neugier und wurde unruhig …

ANTONOWNA *kommt aus dem Garten.* Wenn Sie doch schon
Tee trinken wollten …

PROTASSOW *aus dem Zimmer sprechend.* Ist der Samowar fertig?
Herrlich! Seid mir gegrüßt, gelehrter Herr …

TSCHEPURNOI. Guten Tag, Kollege …

PROTASSOW. Ist Jelena im Garten?

LISA. Ja.

PROTASSOW. Ich gehe und rufe sie … Sie werden verlieren …

TSCHEPURNOI. Nun, so werd ich verlieren …

PROTASSOW. Lisa, du hast heute eine so gute Farbe … und
deine Augen sind so klar – so ruhig … Das – freut mich …
Tritt in den Garten.

LISA *ärgerlich.* Warum spricht er immer mit mir wie mit einem
kranken Kinde?

TSCHEPURNOI. Mit allen, die sich nicht für Protoplasma interessieren, spricht er, als ob sie Kinder wären …

LISA. Mit mir sprechen alle so … Alle haben es darauf abgesehen,
mich daran zu erinnern, daß ich krank bin …

TSCHEPURNOI. Seien Sie die erste, die es vergißt.

LISA. Fahren Sie fort … Sie sagten, daß Sie unruhig wurden,
warum?

TSCHEPURNOI. Ja, unruhig – und so unbehaglich … Es war
mir, als sei der Mechanismus meiner Seele plötzlich eingerostet
… Ich komme mir so albern vor, Jelisaweta Fjodorowna, und
wenn Sie mir helfen …

LISA. Lieber Boris Nikolajewitsch! Lassen Sie das … Ich bin ein
Schwächling, ein Krüppel …

TSCHEPURNOI. Nun, dann werde ich zugrunde gehen wie ein
Mistkäfer.

LISA *aufspringend.* Lassen Sie das endlich! Sie quälen mich ja …
Können Sie das nicht begreifen?

TSCHEPURNOI *erschreckt.* Nun gut! Ich tu's nicht wieder! Verzeihen Sie … es soll nicht wieder vorkommen! Ich schweige
… Beruhigen Sie sich!

LISA. Mein Gott! Wie bemitleide ich Sie alle! Wie kraftlos sind
sie alle … und wie einsam … *Pause.*

TSCHEPURNOI. Wissen Sie, früher pflegte ich gut zu schlafen.
Aber jetzt – jetzt liege ich da mit aufgerissenen Augen und
träume wie ein blutjunger, verliebter Student … Ich möchte
etwas vollbringen … wissen Sie, so etwas Großartiges … Heldenhaftes … aber was? Darauf kann ich nicht kommen … Und
immer scheint es mir, als wäre auf dem Flusse Eisgang, und
auf einer Scholle säße ein Ferkelchen, so ein kleines, rosiges
Tierchen, und quiekt und quiekt! – Ich stürze drauflos, laufe
ins Wasser … und rette das Schweinchen! Aber das Tier –
niemand kann's brauchen! Und jetzt muß ich's ganz allein mit
Meerrettich verspeisen … das Ferkel, das ich gerettet habe …

LISA *lacht.* Das ist sehr spaßig!

TSCHEPURNOI. Ja, zum Weinen … *Aus dem Garten kommen
Jelena, Protassow und Wagin.*

LISA. Soll ich Tee eingießen?

TSCHEPURNOI. Bitte schön … meinetwegen … Wissen Sie, Jelisaweta Fjodrowna – Sie sollten mich doch heiraten; dann
würden wir zwei die Welt aus den Angeln heben!

LISA *unangenehm berührt.* Wie Sie … so scherzen können … so
peinigend, so merkwürdig …

TSCHEPURNOI *ruhig.* Ja, denken Sie mal drüber nach, was sollen
wir tun? – Sie und ich?

LISA *erschrocken.* Schweigen Sie … schweigen Sie!

JELENA *zu Wagin.* Nun ja, das ist hübsch, aber der Gedanke ist
nicht tief und nicht jedem verständlich …

44

WAGIN. Die Kunst war stets nur für Auserlesene da … das ist ihr Stolz …

JELENA. Das ist ihre Tragödie …

WAGIN. Diese Ansicht ist die der Mehrheit, und schon aus diesem Grunde bin ich dagegen.

JELENA. Posieren Sie nicht! Es ist die Aufgabe der Kunst, die Menschen zu veredeln …

WAGIN. Die Kunst hat keinen Zweck …

PROTASSOW. Mein Freund, auf Erden gibt es nichts Zweckloses …

TSCHEPURNOI. Wenn die ganze Erde es nicht ist …

LISA. Um Gottes Willen! Alles das hab ich schon tausendmal gehört …

JELENA. Dimitrij Sergejewitsch! Das Leben ist schwer, und der Mensch wird häufig müde … Das Leben ist rauh, nicht wahr? Wo soll die Seele Erholung suchen? Das Schöne ist selten, aber ist etwas wirklich schön, so erhellt es meine Seele, wie die Sonne einen trüben Tag. Alle Menschen müssen die Schönheit verstehen und lieben, dann werden sie sie zur Grundlage der Moral machen … die Schönheit oder die Häßlichkeit des Handelns wird über seinen Wert entscheiden … und das ganze Leben wird schön sein!

PROTASSOW. Wunderbar, Jelena! Das kann geschehen …

WAGIN. Was scher ich mich um die Menschen! Mein Lied will ich laut und für mich allein singen …

JELENA. Hören Sie auf! Wozu die vielen Worte? In der Kunst sollte der Trieb des Menschen ins Weite, in die Höhe zum Ausdruck kommen … Beherrscht dieses Streben den Künstler und glaubt er an die Sonnenkraft der Schönheit, so wird mir sein Bild, sein Buch, seine Sonate, verständlich und teuer sein … Er wird meine Seele empfänglicher, harmonischer machen

45

… und fühle ich mich zu müde, so gibt er mir Erholung. Lust zur Arbeit, zum Glück und zum Leben!

PROTASSOW. Herrlich, Jelena!

JELENA. Wissen Sie, ich stelle mir manchmal im Geiste ein Gemälde vor. Mitten auf dem unbegrenzten Ozean – schwimmt ein Schiff; leidenschaftlich wird es von den tobenden grünen Wellen umbrandet; vorn am Bug stehen starke, kräftige Männer … ganz einfach stehen diese Leute da – lauter offene, energische Gesichter – und mit stolzem Lächeln blicken sie in die Ferne, bereit, auf dem Wege zu ihrem Ziel ruhig unterzugehen … Das wäre das ganze Bild!

WAGIN. Das ist interessant … ja!

PROTASSOW. Warte …

JELENA. Wenn diese Leute unter der strahlenden Sonne auf dem gelben Sande in der Wüste gehen …

LISA *unwillkürlich halblaut.* Er ist rot …

JELENA. Darauf kommt es nicht an! Es handelt sich nur darum, daß es Menschen besonderer Art sind, männlich und stolz, unerschütterlich in ihren Entschlüssen, dabei – einfach wie alles Große einfach ist … Ein solches Bild könnte mich stolz auf die Menschen machen, und auf den Künstler, der sie geschaffen … und würde mich an jene großen Männer mahnen, die uns geholfen, daß wir uns vom Tier getrennt haben, und die uns immer weiter führen zum Menschen hin! …

WAGIN. Ja, ich versteh … das ist interessant … und schön! *Der Veranda nähert sich Jakow Troschin und bleibt mit offenem Munde stehen, ohne bemerkt zu werden.* Das werd ich versuchen, Donnerwetter!

PROTASSOW. Natürlich, Dimitrij! male! Jelena, du bist großartig! Das ist mir ganz neu an dir … wirklich, Lena!

JELENA. Wie kannst du wissen, ob das neu oder alt ist?

TROSCHIN. Meine Herrschaften. *Alle wenden sich zu ihm.* Ich habe lange darauf gewartet, daß Sie Ihre interessante Unterhaltung beenden … aber ich muß Sie stören … sehr einfach!

TSCHEPURNOI. Was wünschen Sie?

TROSCHIN. Ich erkenne den Kleinrussen … sehr einfach! Bin ich doch selbst in Kleinrußland gewesen und spiele die Flöte …

TSCHEPURNOI. Was wollen Sie hier?

TROSCHIN. Gestatten Sie! alles der Reihe nach … habe die Ehre, mich vorzustellen – Unterleutnant Jakow Troschin, ehemaliger Gehilfe des Stationschefs Log … Derselbe Jakow Troschin, dessen Frau und Kind vom Eisenbahnzug überfahren und getötet worden sind … Kinder hab ich noch, aber keine Frau … ja! Mit wem habe ich die Ehre?

PROTASSOW. Wie interessant Betrunkenen doch sprechen …

LISA *vorwurfsvoll.* Pawel, was machst du …

JELENA. Sie wünschen?

TROSCHIN *sich verbeugend.* Gnädige Frau – entschuldigen Sie! *Zeigt auf seine mit Pantoffeln bekleideten Füße.* Sans Stiefel … Wie unbeständig ist das Glück … – Gnädige Frau, sagen Sie, bitte, wo wohnt hier der Schlosser Jegor! … Jegor – seinen Familiennamen hab ich vergessen … vielleicht hat er auch keine Familie … Und vielleicht. Daß er – vielleicht war's nur eine Erscheinung im Traum –

JELENA. das ist dort … im Seitenflügel … in der unteren Etage …

TROSCHIN. Remercie. Ich hab ihn den ganzen Tag gesucht … Ich bin erschöpft und kann kaum auf den Beinen stehen … Um die Ecke? Bon voyage! Er hat erst gestern abend die Ehre gehabt, meine Bekanntschaft zu machen … und schon gehe ich zu ihm … das muß er mir hoch anrechnen! Um die Ecke? Sehr einfach! Auf angenehmes Wiedersehen!

PROTASSOW. Das ist 'n komischer Kauz! »Sans Stiefel«, wie gefällt euch das?

LISA. Nicht so laut, Pawel ...

TROSCHIN *entfernt sich schwankend und brummt in den Bart.* Aha! Sie dachten – ich sei eine Null? Nein, ich bin Jakow Troschin ... und der weiß, was der Anstand erfordert ... Sehr einfach! Jakow Troschin? *Geht ab.*

PROTASSOW. Was das für ein komischer Kauz ist! Nicht wahr, Jelena!

LISA. Welchen Platz werden denn Leute dieses Schlags auf deinem Bilde einnehmen, Jelena?

JELENA. Sie werden nicht darauf sein, Lisa ...

PROTASSOW. Sie sind wie Seepflanzen und Muscheln, die sich an ein Schiff heften ...

WAGIN. Und seine Bewegung hemmen ...

LISA. Also ihr Los ist der Untergang, Jelena? Ohne Hilfe, sich selbst überlassen, gehen diese Leute zugrunde?

JELENA. Sie sind schon zugrunde gegangen, Lisa ...

WAGIN. Wir sind auch allein, im dunklen Chaos des Lebens ...

PROTASSOW. Diese Leute, mein Freund, sind abgestorbene Zellen des gesellschaftlichen Organismus ...

LISA. Wie grausam ihr alle seid! Ich kann das nicht hören ... blind und grausam ... *Geht in den Garten. Tschepurnoi erhebt sich langsam und folgt ihr.*

PROTASSOW. Weißt du, Jelena, in ihrer Gegenwart kann man über nichts sprechen ... Alles, was man sagt, verletzt ihre kranke Seele.

JELENA. Ja, es ist nicht leicht, mit ihr auszukommen ... Sie lebt und fürchtet doch das Leben ...

WAGIN. Jelena Nikolajewna! Am Bug des Schiffes muß eine einziger Mann stehen ... er muß das Gesicht eines Mannes haben, der auf dem Lande alle seine Hoffnungen begraben hat ... Aber in seinen Augen brennt das Feuer gewaltiger Willenskraft … und er fährt dahin, um als Einsamer unter Einsamen neue Hoffnungen zu wecken.

PROTASSOW. Aber kein Sturm, meine Herrschaften! Oder – nein! es kann auch stürmen, aber dem Schiff entgegen leuchtet die Sonne! Nenne dein Bild »Der Sonne entgegen«, der Quelle des Lebens!

WAGIN. Ja, zur Quelle des Lebens! … Dort in der Ferne, aus dem Gewölk heraus, leuchtet wie die Sonne das Antlitz einer Frau …

PROTASSOW. Wozu ein Frauenzimmer? Stellen Sie doch in die Mitte jener Leute auf dem Schiff – Lavoisier, Darwin … Aber ich habe mich verplaudert – ich muß gehen … *Geht ins Zimmer.*

WAGIN *leidenschaftlich.* Mit jedem Tag, Teuerste, ziehen Sie mich mächtiger an und binden mich fester an Sie … ich könnte Sie anbeten …

PROTASSOW *aus seinem Zimmer.* Dimitrij – bitte, einen Augenblick …

JELENA. Du sollst dir kein Bildnis machen noch irgendein Gleichnis …

WAGIN. Ich werde das Bild malen, Sie werden sehen! Und mit seinen Farben wird es der Freiheit und Schönheit eine majestätische Hymne singen …

PROTASSOW. Dimitrij!

JELENA. Gehen sie, mein Freund! *Wagin ab. Jelena geht nachdenklich auf der Veranda auf und ab. Aus dem Garten tönt die Stimme Tschepurnois.*

TSCHEPURNOI *ruhig.* Das kann ja gar nicht anders sein … Der Mensch ist Mensch, solange er spricht; wenn er handelt, zeigt sich das Tier …

LISA *bekümmert.* Wann denn, wann … *Man kann sie nicht mehr hören.*

MELANIJA *geht über den Hof.* Ach, Jelena Nikolajewna, sind Sie zu Hause?

JELENA *trocken.* Darüber wundern Sie sich?

MELANIJA. Warum? Guten Tag ...

JELENA. Entschuldigen Sie, aber bevor ich Ihnen die Hand reiche ... Was?

JELENA. Ich muß Sie etwas fragen ... Wir werden aufrichtig und wahrhaft miteinander sprechen! Sie haben unserem Dienstmädchen Geld geboten?

MELANIJA *schnell.* Ach, die Elende! Sie hat mich verraten ...

JELENA. Mit anderen Worten – es ist wahr? Melanija Nikolajewna ... Sie werden begreifen, wie dieses ... wie man dieses Verhalten bezeichnen muß!!

MELANIJA. Ja ... ich verstehe! es ist klar, ganz klar. Gleichviel ... Hören Sie! ... Sie sind ein Weib – Sie lieben, vielleicht werden Sie also verstehen ...

JELENA. Leiser ... ihr Bruder ist im Garten!

MELANIJA. Was kümmert mich das? Nun ... hören Sie: ich liebe Pawel Fjodorowitsch, wissen Sie's! Und ich liebe ihn so ... daß ich bereit bin, als Köchin, als Dienstmädchen zu ihm zu ziehen ... Sie lieben auch – wie ich sehe, den Maler ... Sie brauchen Pawel Fjodorowitsch nicht. Hören Sie – soll ich mich vor Ihnen auf die Knie werfen? Überlassen Sie ihn mir! Die Füße will ich Ihnen küssen ...

JELENA *erschüttert* Was reden Sie? Was soll das?

MELANIJA. Einerlei! Ich habe Geld ... Ich errichte ihm ein Laboratorium ... Einen Palast will ich ihm bauen! Ich werde ihm dienen, kein Windhauch soll ihn berühren ... ich werde Tag und Nacht vor seiner Tür sitzen ... das will ich! Was ist er Ihnen? Ich liebe ihn wie den Gerechten Gottes.

JELENA. Beruhigen Sie sich ... Warten Sie! Ich verstehe Sie wohl nicht recht ...

MELANIJA. Gnädige Frau! Sie sind klug – Sie sind edel und rein
… Aber ich habe ein so schweres Leben gehabt … habe so viel
Widerwärtigkeiten ertragen müssen … und nur schlechte
Menschen habe ich gekannt … Und er! Er! Ein solches Kind
… und dabei – so erhaben! An seiner Seite würde ich ja wie
eine Königin sein … Für ihn eine Sklavin, für die andern eine
Königin! Und meine Seele … meine Seele wird aufatmen! Einen
reinen Menschen will ich! Verstehen Sie mich? …

JELENA *bewegt.* Es fällt mir schwer, Sie zu verstehen … Wir haben einander viel zu sagen … Lieber Gott … wie unglücklich
müssen Sie sein!

MELANIJA. Ja! Oh, ja! Sie können mich verstehen, Sie müssen
mich verstehen! Darum spreche ich auch mit Ihnen so – ich
sage Ihnen alles, ich weiß, Sie werden mich begreifen. Sie werden mich nicht betrügen. Vielleicht werde auch ich noch ein
Mensch, wenn Sie mich nicht betrügen.

JELENA. Warum sollte ich Sie betrügen … ich verstehe Ihr
krankes Herz … Kommen Sie zu mir … Kommen Sie.

MELANIJA. Wie Sie sprechen! Wäre es möglich, daß auch Sie
ein guter Mensch sind?

JELENA *nimmt sie bei der Hand.* Glauben Sie mir … glauben Sie
mir, wenn die Menschen aufrichtig wären, würden sie einander
verstehen!

MELANIJA *folgt ihr.* Ich weiß nicht, ob ich Ihnen glauben soll
oder nicht. Ihre Worte verstehe ich … Ihre Gefühle – unmöglich! … Sind Sie gut oder nicht? Sehen Sie … ich getraue mich
nicht, an etwas Gutes zu glauben … Ich habe nichts Gutes gesehen … und ich selbst – bin schlecht und sündhaft … In einem
Tränenmeer habe ich meine Seele gebadet … aber sie ist noch
immer schwarz … *Beide ab. Roman sieht aus der Ecke hervor,
hat ein Beil in der Hand. Aus dem Garten kommen Lisa und
Tschepurnoi, Antonowna aus dem Hause.*

ANTONOWNA. Schau, schau ... alle sind sie auseinandergelaufen. Das ist ein Getue, als ob man's mit Halbverrückten zu tun hätte. Lisonjka, worüber grübelst du denn immer? Du solltest dich setzen ...

LISA. Ach, laß mich ...

ANTONOWNA. Du brauchst dich nicht zu ärgern ... bei deiner schwachen Gesundheit! *Brummend ab ins Haus.*

TSCHEPURNOI. Die gute, besorgte Alte ... Sie liebt Sie wohl sehr?

LISA. Das ist so eine eigne Sache ... Sie ist daran gewöhnt, nach dem Rechten zu sehen ... sie lebt über dreißig Jahre bei uns ... ist sehr stumpf und starrköpfig ... merkwürdig ... so lang ich denken kann, wurde in unserm Hause Musik gemacht, und die besten Gedanken wurden ausgesprochen ... aber sie ist davon weder klüger noch besser geworden ... *Protassow und Wagin kommen aus dem Hause.*

PROTASSOW *zu Wagin.* Verstehst du, wenn wir erst so weit sind, daß wir die auf chemischem Wege zubereiteten Holzfasern spinnen können – dann werden wir Westen aus Eichenholz und Röcke aus Birkenholz tragen ...

WAGIN. Laß deine hölzernen Phantasien ... das ist langweilig!

PROTASSOW. Ach du ... du bist selbst langweilig!

TSCHEPURNOI. Dieser Sonnenschirm gehört meiner Schwester ... Kollege! Gestern fragte mich Melanija: »In welchem Verhältnis steht die Hypothese zur Moleküle?« Da hab ich ihr gesagt, daß die Moleküle die Enkelin der Hypothese ist.

PROTASSOW *lachend.* Aber warum das? Sie ist so naiv ... und hat ein so reges Interesse für alles ...

TSCHEPURNOI. Naiv? Hm ... Und auch die Monere und die Monade – sind solche untergeschobenen Kinder der Wissenschaft – ist das nicht richtig? Da hab ich wohl Konfusion in der Genealogie gemacht!

LISA. Sehen Sie, auch aus Ihren Beziehungen zu Ihrer Schwester kann man sehen, wie unnachsichtig und boshaft die Menschen einander behandeln ...

TSCHEPURNOI. Was ist denn daran so Böses!

LISA *nervös*. Nein, ich versichere Sie – auf der Erde sammelt sich immer mehr Haß an, die Welt ist die Brutstätte aller Grausamkeit.

PROTASSOW. Breitest du schon wieder die schwarzen Schwingen aus. Lisa?

LISA. Sei still, Pawel! Du siehst überhaupt nichts, sondern guckst nur in dein Mikroskop ...

TSCHEPURNOI. Und Sie – ins Teleskop. Besser wär's aber schon, mit den eignen Augen zu sehen.

LISA *krankhaft gereizt*. Ihr seid alle blind! Macht die Augen auf; was euer Leben ausfüllt, eure Gedanken, Gefühle gleichen den Blumen in einem Walde, der düster und voll von Fäulnis und Entsetzen ist ... Euer sind wenige; man spürt eure Anwesenheit kaum auf Erden ...

WAGIN *trocken*. Was sehen Sie denn auf der Erde?

LISA. Ich sehe auf der Erde Millionen und nicht Hunderte ... und unter diesen Millionen wächst der Haß. Sie, berauscht durch schöne Worte und Gedanken, sehen das nicht, aber ich – hab's auf der Straße gesehen, wie der Haß sich Luft machte und die Menschen wild und wütend einander mit Wollust vernichteten ... Ihr Grimm wird einst über euch kommen ...

PROTASSOW. Das ist alles deshalb so schrecklich, Lisa, weil offenbar ein Gewitter aufzieht und es so schwül ist, und deine Nerven ...

LISA *flehentlich*. Sprich nicht von meiner Krankheit!

PROTASSOW. Nun, überleg es dir doch, wer soll mich oder ihn hassen?

LISA. Wer? Alle Menschen, die ihr so weit hinter euch gelassen habt ...

WAGIN *gereizt.* Der Teufel soll sie holen! Sollte man etwa dieser Leute wegen wieder zurückgehen?

LISA. Warum sie euch hassen? Weil ihr euch ihnen entfremdet habt, weil ihr ihrem schweren, menschenwürdigen Dasein keine Teilnahme entgegenbringt! Weil ihr satt seid und gut gekleidet ... Der Haß ist blind, aber ihr seid im Licht, er wird euch dennoch sehen.

WAGIN. Die Rolle der Kassandra steht Ihnen ...

PROTASSOW *erregt.* Warte, Dimitrij! *Zu Lisa.* Du hast Unrecht! Wir widmen uns großen und wichtigen Dingen: er bereichert das Leben mit Schönheit, ich erforsche seine Geheimnisse ... auch die Leute, von denen du redest, werden mit der Zeit unsere Arbeit verstehen und sie zu würdigen lernen ...

WAGIN. Ob sie sie würdigen oder nicht, ist mir ganz gleichgültig!

PROTASSOW. Man muß nicht so geringschätzig auf sie herabsehen: sie sind besser, als sie dir scheinen ... verständiger.

LISA. Du weißt ja nichts, Pawel ...

PROTASSOW. Nein, ich weiß und ich sehe!! *Bei Beginn seiner Rede treten Jelena und Melanija in großer Erregung auf die Veranda.* Ich sehe, wie das Leben wächst und sich entwickelt, wie es, sich den unermüdlichen Forschungen meines Geistes beugend, vor mir seine tiefen, seine wunderbaren Geheimnisse enthüllt. Ich sehe mich als Herrscher über vieles und ich weiß, daß der Mensch Herrscher über alles sein wird! Alles, was wird, gestaltet sich harmonischer; die Menschen steigern die Forderungen, die sie an das Leben und an sich selbst stellen ... unter den erwärmenden Strahlen der Sonne entwickelte sich einst ein unscheinbarer, formloser Klumpen Eiweiß zum Leben, er vermehrte sich, und aus ihm sind der Adler, der Löwe und der Mensch entstanden; es wird die Zeit kommen, wo aus uns

Menschen, aus allen Menschen ein majestätischer, festgefügter Organismus sich erheben wird – das Menschentum, meine Herrschaften! ... Und jede einzelne Zelle dieses Organismus, jeder Mensch wird dann eine Geschichte haben, die erfüllt ist von den großen Errungenschaften des Gedankens, unsrer Arbeit! Die Gegenwart – meine Herrschaften, das ist die freie, gemeinsame Arbeit, aus Lust an der Arbeit, und die Zukunft – ich fühle sie herannahen – ich sehe sie – die Zukunft ist herrlich! Die Menschheit wächst und reift. Das ist das Leben, das ist der Sinn des Lebens.

LISA *bedrückt.* Wie gerne würde ich daran glauben, wie gern! *Holt aus ihrer Tasche ein Notizbuch und schreibt schnell etwas hinein. Melanija blickt beinahe verzückt auf Pawel, was einen fast komischen Eindruck macht. Jelenas zu Anfang düsteres Gesicht wird durch ein melancholisches Lächeln erhellt. Wagin hört mit lebhaftem Interesse zu. Tschepurnoi beugt den Kopf über den Tisch, so daß man sein Gesicht nicht sehen kann.*

WAGIN. Ich sehe dich gern als Dichter.

PROTASSOW. Die Furcht vor dem Tode – die hindert die Menschen, kühn, schön und frei zu sein. Diese Angst lagert auf ihnen wie eine schwere, schwarze Wolke, bedeckt die Erde mit dunkeln Schatten – und erzeugt Gespenster. Sie läßt die Menschen von dem Wege zur Freiheit – von der großen Heerstraße der Erfahrung abirren. Dieses Gefühl ist schuld, daß die Menschen sich allerhand voreilige, häßliche Vermutungen über den Sinn des Lebens machen, es schüchtert die Vernunft ein und erzeugt den Irrtum. Aber wir, **wir,** die Kinder der Sonne, dieser hellen Lebensquelle entsprossen, von der Sonne gezeugt, wir werden den schwarzen Schrecken des Todes überwinden! Wir sind Kinder der Sonne! Die Sonne brennt in unserm Blut, sie erweckt in uns feurige, stolze Gedanken, sie durchleuchtet die

Finsternis unsrer Zweifel. Die Sonne ist ein Ozean der Energie
– der Schönheit, der seelenberauschenden Freude!

LISA *springt auf.* Pawel – das ist schön! Kinder der Sonne …
Sollte ich auch zu ihnen gehören? Bin ich auch ein Kind der
Sonne? Rasch, Pawel! Ja? Bin ich es auch?

PROTASSOW. Ja, ja! Auch du … und alle Menschen! Gewiß.
Selbstverständlich!

LISA. Ja? Oh, das ist gut … Ich kann es nicht sagen … wie schön
das ist! Kinder der Sonne … ja? – Aber meine Seele ist gespal-
ten, meine Seele ist zerrissen … Still, hört mich an – *Spricht,
zu Anfang mit geschlossenen Augen:*

> Es hebt sich auf leuchtendem Flügel
> Zum Himmel der Königsaar –
> O könnt ich empor zu der Höhe,
> die meine Sehnsucht war.
>
> Hinauf, doch vergebliches Ringen,
> Ich bleibe der Erde Raub.
> Es sind meiner Seele Schwingen
> Belastet mit Erdenstaub.
>
> Ich lieb eure purpurnen Träume,
> Euer kühnes Streiten ums Recht –
> Doch weiß ich in düsteren Höhlen
> Ein blindes Maulwurfsgeschlecht.
>
> Sie freut nicht des Denkens Wonne
> Und nicht der Sonne Pracht,
> Den Schwerbedrückten hilft nur
> Werktätiger Liebe Macht.
>
> Und wie ein Wall, ein stummer,
> Stehn sie zwischen mir und euch –

O sagt, wie führ ich die Ärmsten
In meiner Liebe Reich!

Nach Beendigung des Vortrags blicken alle ein paar Sekunden schweigend auf Lisa. Wagin mißfällt ihre starke Erregung.

PROTASSOW. Lisa! Ist das von dir? ... Dichtest du denn?

JELENA. Das war schön gesagt, Lisa. Ich verstehe dich ...

WAGIN. Gestatten sie, meine Herrschaften! Jelisaweta Fjodorowna, ich kenne andere Verse, als Antwort auf Ihre ...

LISA. Sprechen Sie!

WAGIN *deklamiert.*

Wie im wirbelnden Rauch der Funke,
So steh wir im Leben allein.
Doch wir werden die Saat der Zukunft,
Die Flamme der Zukunft sein.

Der Freiheit, der Wahrheit und Schönheit
Dient brüderlich unsere Schar,
Damit der blinde Maulwurf
Sich wandle zum Königsaar!

PROTASSOW. Bravo, Dimitrij! Herrlich, Bruder!

MELANIJA *verzückt.* Gott, wie schön! ... Jelena Nikolajewna, ich verstehe Sie ja ... ich verstehe Sie! ... *Bricht in Tränen aus.*

JELENA. Beruhigen Sie sich ... Das ist nicht nötig!

LISA *traurig.* Ihr jubelt und freut euch ... aber es tut mir weh, wie so viele schöne Gedanken aufblitzen, gleich Funken im Dunkel der Nacht, und verschwinden, ohne den Menschen auf ihrem Wege zu leuchten! Das macht mich so traurig ...

MELANIJA *küßt Protassow die Hand.* Sie Herrlicher ... ich danke Ihnen!

PROTASSOW *unruhig.* Was tun Sie? Warum? Meine Hände sind vielleicht unsauber ...

MELANIJA. Das ist unmöglich!

LISA. Boris Nikolajewitsch, was fehlt Ihnen?

TSCHEPURNOI. Mir, nichts … Ich höre zu!

LISA. Habe ich nicht gut gesprochen?

TSCHEPURNOI. Bei Ihnen ist die Wahrheit …

LISA. Wirklich? Ja?

MELANIJA *zu Jelena.* Ich gehe jetzt … Teure Freundin! … *Geht ins Zimmer. Jelena folgt ihr.*

TSCHEPURNOI. Und bei ihm – die Schönheit …

WAGIN. Und was ist besser?

TSCHEPURNOI. Ja – die Schönheit ist besser … die Wahrheit den Menschen jedoch notwendiger.

LISA. Und Sie? Was ist Ihnen notwendiger?

TSCHEPURNOI. Ja … ich weiß es nicht … Ich würde wohl am liebsten das eine und das andere nehmen … nur mit Maß …

JELENA *tritt heraus.* Pawel, Melanija Nikolajewna wünscht dich zu sprechen …

PROTASSOW. Jelena, warum hat sie mir die Hand geküßt? Wie dumm und unangenehm!

JELENA *lächelnd.* Man muß eben lernen zu leiden …

PROTASSOW *im Abgehen.* Ihre Lippen sind so fettig … Was will sie denn? *Geht im Zimmer auf und ab. Aus der Ecke der Veranda hört man Awdotja hysterisch schluchzen.*

AWDOTJA. Du lügst, du Lump!

LISA *zusammenfahrend.* Was ist das? Was soll das?

AWDOTJA *kommt herausgelaufen.* Hast nicht getroffen, du Teufel, was?

JEGOR *in der Hand ein Scheit Holz.* Halt, sag ich!

LISA. Um Gottes Willen! Versteckt sie!

AWDOTJA *kommt auf die Veranda gelaufen.* Meine Herrschaften! Er bringt mich um …

JELENA. Kommen Sie her! … Schneller!

AWDOTJA *zu ihrem Manne.* Etsch! Etsch! Nicht gefangen! *Mit Jelena ins Zimmer.*

TSCHEPURNOI. Schon wieder dieser Trunkenbold ... *Zu Lisa.* Gehen Sie doch lieber fort!

LISA. Um Gottes Willen ... um Gottes Willen! Halten Sie ihn!

TROSCHIN *kommt aus der Ecke hervor.* Reswow! – Vorsicht!

TSCHEPURNOI *zu Jegor.* Mach, daß du fortkommst!

WAGIN. Jagt ihn fort! *Aus dem Zimmer kommt Protassow herausgestürzt, hinter ihm Melanija.*

PROTASSOW. Jegor! Schon wieder ...

JEGOR *zu Tschepurnoi.* Scher dich selbst zum Teufel! Gebt mir meine Frau!

PROTASSOW. Sie sind verrückt ...

TROSCHIN. Das Weib gehört zum Manne, verehrtester Herr ... sehr einfach!

JEGOR. Sie werden sie nicht verstecken ... Ich finde sie doch! *Roman erscheint schlaftrunken, stellt sich hinter Jegor.*

ROMAN. Jegor! Mach keinen Lärm ...

TSCHEPURNOI. Komm her ... versuch's mal!

LISA. Boris Nikolajewitsch, er hat ein Stück Holz ...

TSCHEPURNOI. Das macht nichts! Gehen Sie fort ...

PROTASSOW. Geh fort, Lisa ...

JEGOR. Geben Sie sie heraus ... Was wollen Sie? Was geht Sie die Sache an?

MELANIJA. Portier, hole die Polizei ...

ROMAN. Jegor! Ich geh auf die Polizei ...

JEGOR. Herr! Hören Sie bitte, ich habe Besuch bekommen ...

TROSCHIN. Sehr einfach!

JEGOR. Ein gebildeter Mensch, ein Mensch von Verstand ...

TROSCHIN. Durchaus richtig!

JEGOR. Und sie ist ihm mit einem nassen Lappen übers Maul gefahren!

TROSCHIN. Tatsache. Aber nicht über das Maul, Jegor, sondern über das Gesicht ...

PROTASSOW. Mein Lieber! Vergessen Sie doch nicht, daß Sie ein Mensch sind ...

JEGOR. Gib sie heraus!

WAGIN. Zum Teufel! Ist das eine Fratze!

MELANIJA. Portier! Ruf doch die Polizei! Halt ihn ... nimm ihn fest!

ROMAN. Jegor! Ich gehe, ich soll ...

JEGOR *Geht auf die Veranda.* Nun, wenn ihr auf **Worte** nicht hört – dann ...

LISA. Lauft fort ... er kommt! Er schlägt euch tot! ...

TSCHEPURNOI *geht Jegor entgegen. Durch die Zähne.* Na also, schlag zu ...

PROTASSOW. Lisa, geh fort ... *Führt sie mit sanfter Gewalt ins Zimmer. Melanija folgt ihnen.*

JEGOR *zu Tschepurnoi.* Geh du fort ... *Setzt sein Holzscheit in Bereitschaft.*

TSCHEPURNOI *sieht ihm fest in die Augen.* Na ...

JEGOR. Ich hau ...

TSCHEPURNOI *leise zu Jegor.* Du lügst, Hund ...

JEGOR. Hör auf zu bellen ...

TSCHEPURNOI. Worauf wartest du denn, schlag doch ...

JEGOR *wirft das Holzscheit zu Boden.* Schlag du! Äh!

TROSCHIN *geknickt.* Reswow, retiriere!

JEGOR *zurückweichend.* Äh, du Satan!

TSCHEPURNOI *verächtlich.* Hundepack ...

TROSCHIN *zu Wagin.* Bon soir, monsieur! Der häusliche Herd muß trotzdem unverletzlich sein ...

WAGIN. Machen Sie, daß Sie fortkommen ...

TSCHEPURNOI *steigt von der Veranda herab, geht auf Jegor los.* Geh weg ... Nun, wird's bald? ... Wenn hier keine Frauen wären, würde ich euch alle beide ...

TROSCHIN *entfernt sich, Jegor folgend.* Ich weiche der Gewalt ... Sehr einfach ... *Versteckt sich in der Ecke.*

TSCHEPURNOI *geht wieder auf die Veranda.* So ein Biest!

WAGIN. Übrigens ... Sie haben ein Gesichtchen geschnitten ... rein zum Verlieben ... Es war eine Freude, Sie anzusehen! Das war ein Ausdruck!

PROTASSOW *kommt hervor.* Haben Sie sie fortgejagt?

LISA *schnell heraustretend, zu Tschepurnoi.* Er hat Sie nicht geschlagen? Hat Sie nicht angerührt?

TSCHEPURNOI. Oho! Das ist nicht so einfach ... *Jelena und Melanija treten auf.*

PROTASSOW. Hol's der Teufel, was soll denn das heißen? ... Ich gebe ihm keine Arbeit mehr ... Mir zittern sogar die Hände ... Sieh mal, Jelena!

WAGIN. Er wäre imstande, einen totzuschlagen ...

TSCHEPURNOI *lächelnd.* Nun, Kollege? Dieses Gesindel ... sind das auch Kinder der Sonne?

LISA *einer plötzlichen Eingebung folgend.* Du hast gelogen, Pawel! Nichts wird sein ... Die Welt ist voller Bestien! Warum sprecht ihr von den Freuden der Zukunft, warum? Warum betrügt ihr euch selbst und andere? Die Menschen sind weit, weit von euch ... ihr Einsamen, Kleinen, Unglücklichen ... Habt ihr denn alle keine Empfindung für die Schrecken des Lebens? ... Seht ihr nicht, daß ihr von Feinden umringt seid? Überall Bestien! ... Man muß die Grausamkeit aus der Welt schaffen ... den Haß besiegen ... Versteht mich doch endlich! Versteht mich! *Bekommt einen hysterischen Anfall.*

Dritter Aufzug

Szene wie im ersten Aufzug
Trüber Tag. Auf dem Lehnstuhl an der Wand sitzt Jelena.
Lisa geht aufgeregt im Zimmer auf und ab.

JELENA. Du – rege dich nicht auf ...

LISA. Ich bin krank, aber meine Gedanken sind gesund.

JELENA. Sagt denn jemand was anderes?

LISA. Ich weiß, meine Worte sind trüb und schmecken schlecht, es langweilt euch, sie anzuhören, ihr wollt nicht die tragische Wahrheit des Lebens fühlen.

JELENA. Du übertreibst.

LISA. Nein. Sieh doch nur den Abgrund, der dich von deiner Köchin trennt, von ...

JELENA. Wird er verschwinden, wenn ich weinend an seinem Rande stehe und vor Furcht zittere?

LISA. Kannst du denn ruhig leben, wenn deine Mitmenschen deine Seele nicht verstehen? Ich kann es nicht; ich fürchte mich vor denen, die mich nicht verstehen, das ist es, was mich krank macht. Jelena, es sind Opfer nötig; verstehst du? Man muß sich selbst opfern.

JELENA. Ja, frei, freudig, in besinnungsloser Begeisterung – aber sich dazu zwingen – nein, Lisa, das ist des Menschen unwürdig.

ANTONOWNA *aus dem Speisezimmer.* Jelena Nikolajewna!

LISA *verdrießlich.* Was gibt's denn schon wieder?

ANTONOWNA. Nun, nun. Es betrifft nicht dich ... der Hauswirt ist gekommen.

JELENA. Ach, er soll warten. *Antonowna ab.*

LISA. So habe ich also unrecht?

JELENA. Das habe ich nicht gesagt.

LISA. Fühlst du nicht, wie vereinsamt wir alle sind?

JELENA. Nein ... das fühl ich nicht.

LISA. Du willst eben nicht mit mir sprechen ... ich bin allen lästig. Ihr wollt alle leben und genießen, als ob es überhaupt nichts Schreckliches und Rohes gäbe.

JELENA. Kann man jemanden zu einer Empfindung zwingen?

LISA. Und du ... dir fällt das Leben auch nicht leicht. Du bist zu stolz, um dir das selbst einzugestehen ... Ich durchschaue doch dein Verhältnis zu Pawel ...

JELENA. Lassen wir das ...

LISA *freudig.* Aha – siehst du, das schmerzt dich ... ja?

JELENA. Nein ... aber unangenehm ist es mir.

LISA. Doch, es schmerzt dich! Umso besser, das wird dich aufrütteln ... Du bist einsam, Jelena ... du bist unglücklich ...

JELENA. Lisa, deine Freude ist keine gute Freude. Was willst du denn eigentlich?

LISA. Was ich will? *Pause. Mit Entsetzen.* Ich weiß nicht, ich weiß es wirklich nicht ... Ich möchte gerne leben und versteh es nicht ... kann es nicht! Ich glaube, ich habe nicht das recht, so zu leben, wie ich leben möchte ... Ich hätte gern eine verwandte Seele ... eine verwandte Seele ... Ich muß von der Angst ausruhen, und ich habe keinen Menschen.

JELENA *faßt Lisas Hand.* Verzeih mir! Ist denn Tschepurnoi ...

LISA. Wie dürfte ich – ich bin doch krank, nicht wahr? Ihr sagt's doch alle ... Oh, ihr sagt es oft! Zu oft ... Laß mich ... ich kann darüber nicht ... Geh! Laß mich ... *Geht rasch in ihr Zimmer. Jelena seufzt tief, geht im Zimmer auf und ab, indem sie die Hände über dem Kopf faltet, bleibt vor dem Porträt ihres Mannes stehen, sieht es an und beißt sich in die Lippen, läßt die Hände fallen.*

JELENA *halblaut.* Leb wohl ...

ANTONOWNA *tritt auf.* Darf der Wirt jetzt kommen?

JELENA. Ja ... gut.

ANTONOWNA *im Abgehen.* Treten Sie ein, Nasar Awdejewitsch.

NASAR *lächelt verlegen.* Sehen Sie, wenn sie Pawel Fjodorowitsch ...

JELENA. Er ist beschäftigt ...

NASAR. Hm, aber ich weiß nicht, wie ich mit Ihnen ...

JELENA. Sagen Sie es mir, ich will's bestellen.

NASAR. Die Sache, um die es sich handelt, ist etwas heikel ...

JELENA. Wie Sie wünschen ...

NASAR. Nun – jetzt ist's schon einerlei ... Sehen Sie, die Polizei war da, verzeihen Sie, wegen des Gestanks ... wegen der Müllgruben und sonstigen Orte.

JELENA *mit zusammengezogenen Brauen.* Was hat denn mein Mann damit zu tun?

NASAR. Selbstredend, nicht mehr als die anderen ... wir sind alle schuld daran ... aber wegen der Cholera verlangt die Polizei, daß der Gestank beseitigt wird. Sie kann nicht begreifen, daß Dinge, deren Bestimmung es ist zu stinken, auch stinken müssen, und droht mit Strafen bis dreihundert Rubel.

JELENA *mit Widerwillen.* Aber was wollen Sie eigentlich?

NASAR. Ich – ich wollte mir einen Rat holen, vielleicht gibt es etwas Chemisches gegen den Gestank.

JELENA *erregt.* Hören Sie mal, wie können Sie ... *Beherrscht sich.* Im übrigen ... Ich will's bestellen. Adieu.

NASAR. Werden Sie es gleich bestellen?

JELENA *im Abgehen.* Ich lasse Ihnen Bescheid sagen ...

NASAR *hinter ihr her.* Ich bin Ihnen außerordentlich verbunden ... Sieh mal an, wie hochnäsig! Wart du nur, dir kneif ich noch mal in den Schwanz. *Geht ab. Durch die Portiere treten Protassow und Jelena auf.*

PROTASSOW. Und noch etwas, Lena, sei so gut, schick nach Jegor ...

JELENA. Schon wieder Jegor?

PROTASSOW. Nun, wie soll man denn ohne ihn auskommen, Lena? Er ist so geschickt, er begreift alles so schnell ... Ich werde dir mal zeigen: er hat mir einen Schmelztiegel gemacht – geradezu künstlerisch, eine prachtvolle Sache. – Was ist das heute für ein trauriger Tag! Sitzest du heute dem Maler nicht?

JELENA. Nein ... So kann ich mit dir sprechen?

PROTASSOW. Laß es, bitte, bis zum Abend ... am Abend bin ich frei. Du langweilst dich? Wo ist denn Dimitrij?

JELENA. Wahrscheinlich hat er noch etwas anderes zu tun, als mich zu unterhalten ...

PROTASSOW *hat sie nicht verstanden.* Ja ... hm ... wahrscheinlich ... weißt du, wenn ich dich in letzter Zeit ansehe, scheint es mir immer, daß in deinem Gesicht ... irgend etwas Neues liegt ... etwas Bedeutendes.

JELENA. So?

PROTASSOW. Ja, ja ... aber jetzt verduft ich. *Geht in sein Zimmer.*

FIMA *erscheint.* Gnädige Frau, bitte, lassen Sie mich fortgehen.

JELENA. Am Tage? Wer soll denn die Arbeit tun?

FIMA. Nein, ich möchte aus dem Dienst und bitte um den Lohn.

JELENA. Ach so? Gut, aber vorher möchte ich Sie noch bitten, Jegor zu holen.

FIMA *nachdrücklich.* Zu Jegor werd ich nicht gehen.

JELENA. Warum nicht?

FIMA. So – ich geh nicht.

JELENA. Rufen Sie Antonowna.

FIMA. Sie ist spazierengegangen; auf den Friedhof ...

JELENA. Ich lasse Sie gehen, wenn Antonowna zurückkommt ... Jetzt rufen Sie den Portier. Können Sie das?

FIMA. Das kann ich ... Ich bekomme also noch heute meinen Lohn ... *Ab.*

JELENA. Gut.

TSCHEPURNOI *erscheint in der Verandatür.* Warum sind bei Ihnen die Türen nicht geschlossen? Guten Tag.

JELENA *reicht ihm die Hand.* Ich weiß nicht ... die Dienstboten sind heute so zerstreut ...

TSCHEPURNOI. Sie haben wohl Angst vor der Cholera ...

JELENA. Es heißt, daß sie sich ausbreitet?

TSCHEPURNOI. Na – es geht an. Ist Jelisaweta Fjodorowna zu Hause?

JELENA. Sie ist in ihrem Zimmer.

TSCHEPURNOI. Und wie geht's ihr?

JELENA. Nicht besonders, wie gewöhnlich.

TSCHEPURNOI *besorgt.* Ja, ja – eine tragische Natur.

JELENA. Boris Nikolajewitsch ... entschuldigen Sie gütigst, daß ich mich in eine Angelegenheit mische, die mich eigentlich nichts angeht ... aber die Sache ist von großer Wichtigkeit.

TSCHEPURNOI. Um was handelt es sich?

JELENA. Sie hat mir gesagt, daß Sie ihr einen Heiratsantrag gemacht haben ...

TSCHEPURNOI *schnell.* Wie hat sie das gesagt?

JELENA. Was heißt – wie?

TSCHEPURNOI. Was machte sie für 'n Gesicht? Schnitt sie eine Grimasse? Oder lächelte sie höhnisch?

JELENA *verwundert.* Wie können sie nur so fragen? Sie war sehr erfreut ...

TSCHEPURNOI. Nein? Wirklich?

JELENA. Ja, ja! So voll stiller Freude ... und so gut ... *Auf der Veranda erscheint Roman.*

TSCHEPURNOI. Und ich? – Narr! Esel!

ROMAN. Ruft man mich?

TSCHEPURNOI. Niemand ruft dich ... ich schimpfe mich selbst: du Narr!

JELENA. Ich hab ihn rufen lassen … Lassen Sie den Schlosser kommen, Roman.

ROMAN. Den Jegor?

JELENA. Ja.

ROMAN. Sofort?

JELENA. Ja, ja.

ROMAN. Schön. *Ab.*

TSCHEPURNOI *freudig.* Geben Sie mir die Hand, ich will sie küssen … so – Sie haben mir ein großes Geschenk gemacht … da haben wir's … wo man's am wenigsten erwartet, da schlägt's ein. So geht's mit Leid, so geht's mit Freud.

JELENA. Entschuldigen Sie … ich verstehe Sie nicht …

TSCHEPURNOI. Ah, mein Gott! Wie ist mir denn! Sie hat Ihnen also wirklich mit Freude erzählt, daß ich ihre Hand verlangt habe?

JELENA. Ja … ich versichere Sie.

TSCHEPURNOI *siegesbewußt.* Und doch hat sie mir einen Korb gegeben …

JELENA *lächelnd.* Entschuldigen Sie, es klingt komisch …

TSCHEPURNOI. Ja, und es ist komisch. Wissen Sie, ich hab mir ja auch gedacht: nicht deshalb, weil ich ihr zuwider bin, will sie mich nicht heiraten, sondern nur aus Furcht vor ihrer Krankheit.

JELENA. Ja, Sie haben recht …

TSCHEPURNOI. Jetzt weiß ich, was ich tu: ich lauf zu ihr, so schnell, wie die Kugel den Berg hinunter … Ach, ist das ein Glücksfall! Wissen Sie, der Zufall ist doch eine große Sache.

JELENA. Aber, nehmen Sie Ihre Krawatte ab … Sie mag die rote Farbe nicht.

TSCHEPURNOI *lachend.* Und ich habe sie absichtlich umgelegt, um sie ein wenig zu necken … Jetzt ist's schon einerlei – rot oder grün, ganz gleich, ohne Krawatte kann ich doch nicht …

Geht. Ich danke Ihnen. *Jegor in der Tür zum Speisezimmer, verwirrt, zerzaust.* Ah, ein alter Bekannter. Nun, gib mir die Hand! So. Woll'n wir uns wieder vertragen! So! O du ... Recke und Held du!

JELENA *zu Jegor.* Gleich werd ich dir sagen.

JEGOR *dumpf.* Gnädige Frau, warten Sie ...

JELENA. Was gibt's?

JEGOR. Meine Frau ist krank ...

JELENA. Was fehlt ihr?

JEGOR. Ihr ist so übel ...

JELENA *beunruhigt.* Seit wann?

JEGOR. Seit heute morgen ... sie verlangt immer nach Ihnen ... hol die gnädige Frau, sagt sie ... sonst verreck ich ...

JELENA. Warum haben Sie mich denn nicht geholt? ... Ach Sie ...

JEGOR. Ich habe mich geschämt ... ich hab doch hier Krawall gemacht ...

JELENA. Ach Unsinn ... ich geh zu ihr.

JEGOR. Warten Sie ... ich fürchte ...

JELENA. Was?

JEGOR. Vielleicht ist's die Cholera ...

JELENA. Unsinn, da gibt's nichts zu fürchten ...

JEGOR *bittend, beinahe befehlend.* Jelena Nikolajewna, kurieren Sie sie!

JELENA. Man muß zum Arzt schicken ... Fahren sie gleich ...

JEGOR. Es braucht kein Doktor zu kommen ... ich trau keinem Doktor nicht ... Sie müssen selbst ...

PROTASSOW *erscheint.* Aha, Sie da, mein tapferer Krieger ...

JELENA. Pawel, warte, seine Frau ist erkrankt ...

PROTASSOW. Sehen Sie, Sie haben sie geprügelt ...

JELENA. Er glaubt, es ist die Cholera ... Ich geh hin und du ...

PROTASSOW *besorgt.* Du – willst hin, Lena? Nein. Jelena ... weshalb willst du ...

JELENA *erstaunt.* Und warum nicht?

PROTASSOW. Und wenn es die Cholera ...

JEGOR *grollend und leise.* Also, stirb! heißt es, ganz einfach! Sind wir denn nicht auch Menschen?

JELENA. Hören Sie auf, Jegor ... Pawel, wie kannst du nur so ungeschickt ...

PROTASSOW. Was verstehst du, Jelena? Du bist kein Arzt ... und das ist kein Spaß ... das ist gefährlich ...

JEGOR *grollend.* Aber die, die da am Verrecken sind – die sind nicht in Gefahr ...

PROTASSOW *zu Jegor.* Bitte mich nicht anzubrüllen.

JELENA *vorwurfsvoll.* Pawel! Jegor, wir wollen gehen ...

PROTASSOW. Ich komme mit ... das ist unverständig, Jelena. *Alle drei ab ins Speisezimmer; Jegor voran, man kann ihre Stimmen hören.*

JELENA. Geh zurück und telefonier nach einem Wagen ...

PROTASSOW. Da ist ein Arzt notwendig – aber nicht du, was willst du dort? *Kehrt in großer Erregung zurück.* Was will sie bei einem solchen Fall? Antonowna, zum Teufel! Mich haben sie nicht mitgehen lassen ... Fima, Antonowna! – wo steckt ihr? Seid ihr gestorben? Fima! *Fima kommt angelaufen.* Ich schreie, als wäre ich angeschossen, und Sie geruhen sich über Ihre Schönheit zu freuen –?

FIMA *beleidigt.* Durchaus nicht! Ich habe die Messer geputzt.

PROTASSOW. Lassen Sie die Messer liegen. Gehen Sie zu Jegor ...

FIMA *entschieden.* Dahin geh ich nicht ...

PROTASSOW. Warum nicht? Die gnädige Frau ist dort ...

FIMA *frech.* Das ist mir ganz einerlei!

PROTASSOW. Aber warum wollen Sie denn nicht hin?

FIMA. Weil dort die Cholera ist.

PROTASSOW *ahmt ihr nach.* Aha! Die Cholera. Aber die gnädige Frau ist hingegangen, *Es wird geklingelt.*

FIMA. Es klingelt.

PROTASSOW. Ja, öffnen Sie! *Fima läuft fort – Protassow hinter ihr her.*

PROTASSOW. Eine freche Kröte … Ja – ach, das Telefon … hol's der Teufel! *Melanija tritt auf.* Ach, Sie sind's! Wissen Sie das Neueste? Bei uns auf dem Hof ist die Cholera. – Erfreulich, nicht wahr? Und Jelena ist hingegangen, um zu kurieren, hm? Wie gefällt Ihnen das?

MELANIJA. Ei, ei, ei! Also bei Ihnen auch! Bei meinem Nachbar, dem Oberst, haben sie gestern den Koch abgeholt … Und Jelena Nikolajewna – ist hingegangen! Wozu denn?

PROTASSOW. Ich weiß nicht. Es ist mir ganz rätselhaft.

MELANIJA. Wie konnten Sie sie denn gehen lassen!

PROTASSOW. Wie? Ich weiß es nicht … Ach so, das Telefon. *Läuft ins Zimmer.*

FIMA *aus dem Speisezimmer.* Guten Tag, Melanija Nikolajewna!

MELANIJA *kühl.* Ah … Guten Tag, meine Liebe ...

FIMA. Ich habe eine große Bitte an Sie.

MELANIJA. Und die wäre:

FIMA. Ich will heiraten.

MELANIJA. So!

FIMA. Einen anständigen Menschen … einen sehr anständigen Menschen!

MELANIJA. Wer ist es denn?

FIMA. Ihr Nachbar ...

MELANIJA *springt erstaunt auf.* Nicht möglich, der Oberst?

FIMA *bescheiden.* Was denken Sie! Kotscherin Wassilij Wassilje-witsch ...

MELANIJA. Ach den! Der alte Satan … Püh! Der ist ja an die sechzig Jahre alt … hat Rheumatismus in allen Gliedern … wie kannst du dich dazu entschließen, Jefimija? Übrigens – er hat viel Geld … Ach du, Mädchen … du tust mir leid! Laß ihn laufen … und sein Geld auch!

FIMA. Ich habe mich schon entschlossen, und alles ist abgemacht.

MELANIJA. Wirklich! Das tut mir leid. Und was willst du von mir?

FIMA. Ich bin doch eine Waise. Wollen Sie nicht meine Brautmutter sein?

MELANIJA *macht ihr eine »Feige«, streckt zum Spott den Daumen zwischen den Fingern vor.* Hm … Für wieviel haben Sie mich an Jelena Nikolajewna verraten?

FIMA *verwirrt.* Ich?

MELANIJA. Ja, Sie! Was?

FIMA *hat sich von ihrem Schrecken erholt.* Das tut mir leid … aber ich dachte, weil Sie sich selbst an so 'n alten Kerl verkauft haben …

MELANIJA *getroffen.* Wie, wie du …

FIMA. Ja, ich dachte, daß Sie mir helfen würden, dasselbe zu tun …

MELANIJA *dumpf.* Was erlaubst du dir …

FIMA *Ruhig und hart.* Sie müssen selbst einsehen, daß es immer noch besser ist, als auf die Straße zu gehen … so ist's wenigstens einer und nicht Hunderte …

MELANIJA *entsetzt.* Geh … Geh hinaus … Ich werde dir Geld geben … Geh! Geh fort … Ich werd dir geben.

FIMA. Danke schön. Wann werden Sie es mir geben?

MELANIJA. Geh fort! Ich hab nichts bei mir!

FIMA. Heute abend werde ich zu Ihnen kommen … Lassen Sie mich nicht sitzen …

MELANIJA. Nein! … Um Christi willen – nur fort! *Fima ab, ohne sich zu übereilen. Melanija wirft sich in den Lehnstuhl, bricht in Tränen aus und stöhnt wie vor Schmerzen.*

PROTASSOW *aus seinem Zimmer.* Sie ist noch nicht zurück?
Nein – Sie sind's! Was fehlt Ihnen?

MELANIJA *fällt auf die Knie.* Heiliger Mann, rette deine Sklavin!

PROTASSOW *verwirrt.* Was haben Sie gesagt? … Stehen Sie auf!
Was wollen Sie?

MELANIJA *umschlingt mit ihren Armen seine Knie.* Ich verkomme
im Schlamm … ich verkomme in meiner Niedrigkeit … reiche
mir die Hand! Wer ist auf Erden besser als du?

PROTASSOW *erschrocken.* Gestatten Sie. Ich falle … Küssen Sie
doch nicht meine Hose … Was machen Sie denn?

MELANIJA. Ich hab Niedriges getan, ich hab meine Seele be-
schmutzt – mach sie wieder rein – wer außer dir kann das tun?

PROTASSOW *bemüht sich, sie zu verstehen.* Sie – setzen Sie sich
…! das heißt … stehen Sie auf. So – setzen Sie sich! Was wollen
Sie eigentlich?

MELANIJA. Nimm mich zu dir, erlaube mir, in deiner Nähe zu
leben, dich nur jeden Tag zu sehen … dich zu hören … ich …
bin reich, nimm alles! Bau dir ein Laboratorium für deine
Wissenschaft … bau einen Turm! Steige hinauf – und lebe dort!
Und ich werde Tag und Nacht unten vor der Türe stehen und
niemanden zu dir lassen … Verkaufe alles, meine Häuser,
meine Güter, und behalte alles für dich!

PROTASSOW *lächelnd.* Erlauben Sie mal, das ist ein Gedanke!
Donnerwetter, was könnt ich mir da für ein Laboratorium
bauen!

MELANIJA *erfreut.* Ja, ja! Nimm mich, damit ich dich immer
sehen kann; sprich nicht mit mir, das ist nicht nötig! Sieh mich
nur hin und wieder einmal an und lächle … Hättest du einen
Hund, so würdest du ihm doch auch zulächeln … und ihn
bisweilen streicheln? Laß mich diesen Hund sein …

PROTASSOW *besorgt.* Warten Sie … Was soll das – das ist merkwürdig … das ist nicht nötig … ich bin ganz starr, wissen Sie … Konnte ich mir denken, daß es Sie so aufregen würde?

MELANIJA *ohne auf ihn zu hören.* Ich weiß, ich bin dumm wie ein Stück Holz. Deine Bücher … versteh ich nicht … Glaubst du, daß ich sie gelesen habe?

PROTASSOW *enttäuscht.* Nein? – Was haben Sie dann damit …?

MELANIJA. Geliebter! Abgeküßt hab ich die Bücher! … ich habe hineingeguckt, aber da stehen Worte drin, die außer dir niemand versteht … Und da hab ich sie abgeküßt …

PROTASSOW *verwirrt.* Ach! Daher die Flecken auf den Einbänden … Wozu denn Bücher küssen? Das ist ja schon Fetischismus …

MELANIJA. Versteh mich doch, ich liebe dich! Es ist bei dir so schön, so rein, so hell! Du göttlicher Mensch, ich liebe dich …

PROTASSOW *leise, ergriffen.* Erlauben sie … das heißt … wie meinen Sie das?

MELANIJA. Wie ein Hund. Reden kann ich nicht … nur schweigen kann ich. Jahrelang habe ich geschwiegen, die Haut hat man mir von der Seele gerissen!

PROTASSOW *hoffend, daß er sich getäuscht hat.* Sie … entschuldigen mich! Ich kann Ihre Grundidee nicht erfassen … Vielleicht wäre es Ihnen lieber, über diese Angelegenheit mit Jelena zu sprechen …

MELANIJA. Ich habe schon mit ihr gesprochen … Sie ist herrlich … Sie weiß, daß du sie nicht liebst …

PROTASSOW *aufspringend.* Was heißt das, nicht lieben?

MELANIJA. Sie weiß alles, fühlt alles … Sie ist so gut! Aber wozu zwei Feuer auf einmal? – Sie ist stolz …

PROTASSOW *aufs neue verwirrt.* Wissen sie, alles das ist so eine verwickelte, konfuse Geschichte … das heißt … Ich bin mir noch niemals so unbeholfen vorgekommen …

MELANIJA. Wie werd ich mit dir umgehen … wenn du erst mein sein wirst …

PROTASSOW *etwas gereizt.* Was – was soll das heißen »mein«? *Blickt auf sie, halblaut, fast mit Schrecken.* Melanija Nikolajewna … wir müssen uns aussprechen! Entschuldigen Sie … ich muß Sie direkt fragen: Sind Sie vielleicht in mich verliebt?

MELANIJA *sieht ihn mehrere Minuten lang schweigend an, mit gedämpfter Stimme.* Wovon hab ich denn gesprochen … Geliebter! Davon red ich ja.

PROTASSOW. Ja … entschuldigen Sie … ich dachte … ich dachte, es wäre nicht so …

MELANIJA *leise.* So, daß ich ganz wahnsinnig bin …

PROTASSOW *geht erregt im Zimmer auf und ab.* Ich bin Ihnen natürlich sehr dankbar … bin sehr gerührt … zu meinem Bedauern aber … ich bin doch verheiratet … Nein, das ist es nicht! Sehen Sie mal … so plötzlich läßt sich das nicht entscheiden … ja! Aber wissen Sie, es ist nicht notwendig, daß Jelena etwas davon erfährt, wir werden uns schon irgendwie auseinandersetzen.

MELANIJA. Sie weiß es aber.

PROTASSOW *fast in Verzweiflung.* Was? Sie weiß? *Tschepurnoi und Lisa kommen von oben die Treppe herab, gehen schweigend durch das Zimmer auf die Veranda. Tschepurnoi ist verstimmt, aber ruhig, Lisa in großer Aufregung.*

MELANIJA *leise.* Oh, man kommt, leise, es ist mein Bruder.

PROTASSOW *zu Lisa.* Ah … hm … ihr geht?

TSCHEPURNOI *dumpf.* Wir gehen. *Pause.*

PROTASSOW *sehr aufrichtig und einfach.* Melanija Nikolajewna, gestehen Sie – die Verhältnisse liegen hier so außergewöhnlich … die Lage ist so ganz unmöglich … ich erscheine Ihnen wohl lächerlich, und das kränkt Sie … aber, Liebste, Beste, es ist merkwürdig … ich brauch gar nicht …

MELANIJA. Sie brauchen es nicht?

PROTASSOW. Nein … entschuldigen Sie … ich muß nach Jelena sehen, und … darum muß ich gehen, sie ist noch immer dort … das beunruhigt mich … ich muß es ihr sagen … Sie dürfen mir deshalb nicht böse sein. *Er geht auf sein Zimmer. Melanija leise hinter ihm her; darauf kehrt sie um, sie ist vollkommen verwirrt und niedergeschlagen.*

MELANIJA *für sich.* Es hat ihn nicht gerührt … welche Schmach … *Jelena kommt durch die Verandatür. Melanija fortfahrend:* Teuerste, haben Sie Mitleid mit einer Närrin!

JELENA. Was heißt das? Haben Sie es Pawel gesagt?

MELANIJA. Ich habe ihm alles gesagt …

MELANIJA. Nun, und er? Was denn?

MELANIJA. Alle meine Worte … alle meine Liebe, alles fiel wie Staub ins Wasser …

JELENA *aufrichtig.* Es schmerzt mich um Ihretwillen … was sagte er?

MELANIJA. Ich weiß es nicht. Nichts machte Eindruck auf ihn … Nichts berührte sein Herz – das Feuer läßt sich eben nicht beschmutzen. Auf den Knien habe ich vor ihm gelegen und … er versteht nicht …

JELENA. Ich hatte Ihnen gesagt: Warten Sie. Ich hätte zuerst mit ihm sprechen sollen.

MELANIJA. Ich dachte, Sie würden mich täuschen … Alles hab ich ihm angeboten, all mein Geld, den Preis für meine verkaufte und beschimpfte Seele … er hat nichts angenommen – wer hätte das ausgeschlagen außer ihm. Er allein konnte das tun …

PROTASSOW *tritt ein, den Hut in der Hand.* Jelena … sofort ein Bad … und alles, was du am Leibe trägst – herunter und in den Ofen damit! Fima! Ein Bad! Diese Fima – hol sie der Teufel – die soll ein Stubenmädchen sein? Das ist einfach ein Mythos.

JELENA. Ereifere dich nicht so – das Bad ist fertig, und ich werde alles besorgen.

PROTASSOW. Bitte, geh! ... mit der Cholera ist nicht zu scherzen.

JELENA *im Abgehen.* Ich gehe schon, ich gehe.

PROTASSOW *geleitet seine Frau, sieht ängstlich von der Seite auf Melanija. Diese sitzt wie von Schuldbewußtsein niedergedrückt mit tief gebeugtem Kopf da; er geht auf und ab.* Tja, was ist das heute für ein trüber und sozusagen unangenehmer Tag.

MELANIJA *leise.* Ja ...

PROTASSOW. Ja, und diese Cholera ist zu so ungelegener Zeit gekommen ...

MELANIJA. In der Tat ... und so plötzlich ...

PROTASSOW. Und hier ist noch dazu der Kühlapparat zerbrochen ...

MELANIJA. Pawel Fjodorowitsch, verzeihen Sie mir!

PROTASSOW *mißtrauisch.* Das heißt – wieso denn? Was wollen Sie eigentlich sagen?

MELANIJA. Vergessen Sie alles, was ich Ihnen gesagt habe ... Vergessen Sie's!

PROTASSOW *freudig bewegt.* Nein, im Ernst?

MELANIJA. Im Ernst ... ich bin so dumm ... und dreist ...

PROTASSOW. Melanija Nikolajewna! Ich liebe Sie sehr ... das heißt: ich achte Sie! Sie sind eine erstaunliche Elementarnatur und ein ganzer Mensch. Sie nehmen so warmes Interesse an allem. – Aber, meine Liebe, das ist überflüssig ... das heißt, alles, was Sie mir gesagt haben, war nicht nötig! Wir wollen gute Freunde sein und weiter nichts. Alle Menschen müssen Freunde sein ... nicht wahr?

MELANIJA. Wenn ich Sie ansehe ... schäme ich mich ...

PROTASSOW. Lassen wir das ... geben Sie mir die Hand ... das ist prächtig! Nein, wissen Sie, wie gut die Menschen doch sind! Es steckt in ihnen so viel Einfachheit, so viel Vernunft und eine so herrliche Gabe, einander zu verstehen … Ich liebe die Menschen, es sind außerordentlich interessante Geschöpfe!

MELANIJA *lächelnd.* Menschen habe ich noch nicht kennengelernt … Ich habe unter Kaufleuten gelebt; mein Mann hat mit Fleisch gehandelt … nur bei Ihnen habe ich erkannt, daß es auf Erden Menschen gibt … und da wollt ich denn gleich einen kaufen.

PROTASSOW. Wie meinen sie?

MELANIJA. Hören Sie nicht auf mich … Ich habe es so …

PROTASSOW *lebhaft.* Wissen Sie was – wollen wir Tee trinken!

MELANIJA. Gut, ich werde zu Jelena Nikolajewna gehen und mich rechtfertigen.

PROTASSOW. Und ich – ich werde den Teetisch decken lassen. Wissen Sie, mein Kühler ist in Scherben gegangen, – hol ihn der Teufel. Jegors Frau ist erkrankt, so daß niemand da ist, der ihn ausbessern könnte – und ich kann heute nicht arbeiten. *Geht lächelnd in sein Zimmer.*

MELANIJA *spricht hinter ihm her.* Du mein liebes, du mein herrliches Kind … *Ab zu Jelena. Antonowna kommt aus dem Speisezimmer heraus, gereizt und brummig.*

ANTONOWNA. Als ob die wilde Jagd durch das Haus gezogen wäre! Nein, diese Leute … Alles durcheinander geworfen … Alles offen … Nicht fortgehen kann man … Nur bei den Toten ist Ordnung, auf dem Friedhof, nur dort ist Ruhe … *Durch die Tür von der Terrasse treten Lisa und Tschepurnoi ein.* Lisonjka, die Medizin und die Milch …

LISA *gereizt.* Schweig … Geh …

ANTONOWNA. Na, da haben wir's. *Ab.*

TSCHEPURNOI. Also ist es aus?

LISA. Ja, Boris Nikolajewitsch. Kein Wort mehr davon … nie!

TSCHEPURNOI. Gut. Ich habe heute nur deshalb davon angefangen, weil ich dachte, daß Sie sich irrten …

LISA. Nein. Meine Krankheit hindert mich nicht … ich fürchte sie nicht. Aber ich kann und will keine Kinder haben. Niemand fragt sich, wozu die Menschen geboren werden. Ich habe mich gefragt … Es ist auf der Erde kein Raum für den, der nicht die Kraft hat, das ganze Leben, das Leben der Erde zu seinem persönlichen Leben zu machen … Sie werden also verreisen – ja?

TSCHEPURNOI *ruhig.* Gut, ich reise. *Wagin kommt von der Veranda.*

LISA. Es wird Ihnen schon besser werden … und tragen sie keine roten Krawatten … das ist gewöhnlich. Wie bedaure ich, daß Sie gerade heute eine rote Krawatte tragen.

WAGIN. Das ist ein Tag – ganz wie im Oktober.

TSCHEPURNOI. Ja, der Tag hat sich böse angelassen.

LISA. Wohin gedenken Sie zu reisen?

TSCHEPURNOI *ruhig.* Ich? Ins Gouvernement Mohilew.

LISA *beunruhigt.* Warum gerade dorthin?

TSCHEPURNOI. Ich habe dort viele Bekannte.

WAGIN. Ins Gouvernement Mohilew abreisen … nennt man im Volkswitz nicht den Tod so?

LISA *zusammenzuckend.* Was fällt Ihnen ein? Pfui!

WAGIN. Dieses Scherzwort hat Sie erschreckt? Sie glauben doch nicht, daß Boris Nikolajewitsch sterben wird? Höchstens, wenn er sich eine Kugel in den Kopf schießt …

LISA *vorwurfsvoll und beunruhigt.* Warum sprechen Sie so?

WAGIN. Ich beeile mich, Sie zu beruhigen. Mir ist kein Fall bekannt, daß ein Tierarzt sich erschossen hätte … *Antonowna aus dem Speisezimmer.*

ANTONOWNA. Lisuschka, komm, gieß Tee ein! *Lisa schweigend ab.*

WAGIN. Ich bin ein schlechter Mensch. Es macht mir Spaß, sie zu ärgern … Sie will sich mit ihrem Lamentieren über die Welt interessant machen. Es gibt nichts Langweiligeres als diese Weltschmerzler. Ich habe übrigens einen physischen Widerwillen gegen alles Ungesunde.

TSCHEPURNOI. Nun, wie steht's? Werden Sie das Bild »Sie gehen zur Sonne«, oder wie heißt es doch, malen?

WAGIN. Entscheiden! Ein herrliches Sujet, nicht wahr? Damit ich es nicht vergesse – ich brauche Sie für das Bild ...

TSCHEPURNOI *erstaunt.* Mich? Wo ist denn auf Ihrem Schiff ein Platz für mich? Unten im Schiffsraum?

WAGIN *sieht Tschepurnoi prüfend an.* Sie haben über den Augen so eine trotzige Falte ... das ist sehr charakteristisch. Sie haben doch nichts dagegen, wenn ich Sie gleich festhalte?

TSCHEPURNOI. Halten Sie fest.

WAGIN *holt sein Skizzenbuch hervor.* Prächtig, nur eine Minute! *Zeichnet.*

TSCHEPURNOI. Sind Sie Liebhaber von Anekdoten?

WAGIN. Doch, wenn sie nicht zu dumm sind ...

TSCHEPURNOI. So will ich Ihnen eine erzählen ...

WAGIN. Bitte sehr ... wenn ich zeichne, schweige ich.

TSCHEPURNOI. Ich höre Sie schon schweigen. Geben Sie acht ... Eines Tages fuhr eine englische Gesandtschaft über den Kanal von Dover nach Calais; an Bord befand sich auch ein Franzose. Prahlend stritten sie darüber, wer besser sei, die Engländer oder die Franzosen. Die Engländer sagten: »Wir sind überall.« Der Franzose erwiderte: »Nein. In diesem Meeresarm sind viele unserer Diplomaten ertrunken, aber kein einziger Engländer.« Als das ein junger Engländer von der Gesandtschaft hörte, sprang er über Bord – hopp! – und ertrank ...

WAGIN *nach einer Pause.* Nun und dann?

TSCHEPURNOI. Weiter nichts ...

WAGIN. Ist das die ganze Anekdote?

TSCHEPURNOI. Ja … Was wollen Sie noch? Der Mann wollte die Ehre seiner Nation retten und ertränkte sich.

WAGIN. Wissen Sie, wenn Ihre Anekdote auch auf dem Meere spielt, so fehlt es ihr doch an Salz …

TSCHEPURNOI. Sie binden Ihre Krawatte gut.

WAGIN. Gefällt es Ihnen so? Eine Dame hat es mich gelehrt …

TSCHEPURNOI. Und auch die Farbe ist hübsch …

PROTASSOW *kommt herein.* Hier wird gezeichnet? Und Jelena ist noch nicht da? Weißt du schon, Dimitrij, daß sie sich heute mit einem Cholerakranken zu schaffen gemacht hat …

WAGIN. Wa–as?

PROTASSOW. Ja, ja! Mit der Frau meines Schlossers! Wie findest du das?

WAGIN. Zum mindesten unvernünftig. Und du hast das erlaubt?

JELENA *tritt ein.* Ja, kann man mir etwas nicht erlauben?

WAGIN. Aber schließlich ist das doch nicht Ihre Sache!

JELENA. Wieso nicht? Wenn ich etwas tun will, so ist das eben meine Sache geworden …

WAGIN. Sie … und … der Teufel hol mich, wenn ich das verstehe!

PROTASSOW. Nein, sie ist ein Prachtkerl! Das muß ich sagen, wenn ich mich auch ihretwegen geängstigt habe. Hast du die Tropfen eingenommen?

WAGIN *hat seine Zeichnung beendet.* Das ist alles … besten Dank! Dieser Zug ist bei Ihnen prächtig …

TSCHEPURNOI. Sehr schmeichelhaft.

LISA *tritt aus dem Speisezimmer.* Bitte, zum Tee.

WAGIN. Wollen wir gehen. *Schiebt seinen Arm unter den Tschepurnois. Beide ab.*

PROTASSOW *halblaut.* Jelena, ich habe dir etwas zu sagen …

JELENA. Muß es gleich sein?

PROTASSOW *eilig*. Ja. Weißt du, da ist eine dumme Geschichte passiert! Melanija Nikolajewna ... ist sie fortgegangen?

JELENA *lächelnd*. Sie ist fortgegangen.

PROTASSOW. Warte. Die Sache ist aber nicht zum Lachen! Weißt du, ich glaube, sie hat sich in mich verliebt! Auf ganz gewöhnliche Weise. Wie gefällt dir das? Bei Gott – ich habe ihr keine Veranlassung dazu gegeben. Jelena ... was lachst du? Das ist eine Sache, die ernst genommen werden muß ... Es ist so peinlich. Wenn du wüßtest! Sie hat hier geweint, hat meine Hose geküßt ... und meine Hände, diese ...

JELENA *lachend*. Pawel, hör auf ...

PROTASSOW *ein wenig geärgert*. Du setzest mich in Erstaunen! Ich sage dir, sie hat es ganz ernst gemeint ... Sie hat mir ihr ganzes Vermögen angeboten ... »Ich will mit dir leben«, sagte sie! Verstehst du wohl, sie nannte mich **Du!** Glaube nur nicht, bitte, daß ich ihr dazu ein Recht eingeräumt habe. Ich weiß nicht warum, aber sie riecht nach Salpeter ... Was ist dir?

JELENA *lacht herzlich*. Ich kann nicht anders ... das ist zu komisch ... Du bist zu komisch ...

PROTASSOW *ein wenig gekränkt*. Warum? Die Sache ist sehr peinlich und nicht lächerlich ... Es ist albern, und ich bin so erschrocken ... ich habe ihr etwas geantwortet, aber in meinem Kopf ging alles drunter und drüber. Glaub nur, es war ihr sehr ernst mit dem, was sie sagte – sie sprach auch, daß du von allem wüßtest, aber wovon ... habe ich nicht verstanden. Zuerst wollte ich dir davon nichts erzählen ...

JELENA *zärtlich*. Ich weiß alles ... Du Lieber! Guter!

PROTASSOW. Du weißt es? Wieso denn? Warum hast du mich nicht darauf vorbereitet?

JELENA *als hätte sie sich an etwas erinnert, trocken*. Lassen wir das bis zum Abend ...

PROTASSOW. Ja, gut … ich möchte Tee haben … Aber wenn du es gewußt hast, so freut es mich. So wirst du wohl selbst diesen Knäuel entwirren? Ja?

LISA *aus dem Speisezimmer.* Jelena, komm doch her …

JELENA. Ich komme.

PROTASSOW. Dann übernimmst du alles das? …

JELENA. Jawohl … Beunruhige dich nicht! Laß uns gehen.

PROTASSOW. Weißt du, als ich sie vom Boden aufhob, da bemerkte ich unter den Achselhöhlen … *Fährt im Flüstertone fort.*

JELENA. Pfui, Pawel, wie häßlich … *Die Bühne bleibt einige Sekunden leer. Aus dem Speisezimmer tönen Stimmen und das Klirren der Teller und Bestecke herüber. Dann tritt Tschepurnoi mit den Worten heraus:*

TSCHEPURNOI. Ich werde hier ein wenig rauchen … *Geht ans Fenster, indem er die Hände auf dem Rücken hält. Nimmt dann die Zigarette aus dem Mund und singt halblaut.* »Eine goldne Wolke in der Nacht …«

WAGIN *eintretend.* »Auf der Brust des steilen Berges lag« … Mich haben sie auch hinausgejagt … man soll drinnen nicht rauchen …

TSCHEPURNOI. Sie sind also ein Freund von Anekdoten?

WAGIN. Sie wollen wohl noch eine langweilige loswerden?

TSCHEPURNOI. Ich werde mir für Sie noch eine zurechtlegen … Aber jetzt gehe ich nach hause.

WAGIN. Wann kommt dann die Anekdote?

TSCHEPURNOI. Morgen. Es regnet … *Sucht nach seinem Schirm.* Schirm oder nicht Schirm, wie Hamlet, der Dänenprinz zu sagen pflegte … Leben Sie wohl!

WAGIN *hält ihn am Arm zurück.* Sie verreisen, wie ich gehört habe …

TSCHEPURNOI *lachend.* Ja, ich verreise … muß verreisen …

WAGIN *lächelt gleichfalls*. Nun denn: Glückliche Reise! Aus irgendeinem Grunde haben Sie mir heute sehr gut gefallen.

TSCHEPURNOI. Danke für das Kompliment ...

WAGIN. Sie sahen so verliebt aus ... Sagen Sie mal, waren sie schon einmal verliebt? ...

TSCHEPURNOI. Als Student hatte ich eine kleine Schwäche für meine Wirtin, und eines schönen Tages gestand ich ihr's sogar.

WAGIN. War sie hübsch?

TSCHEPURNOI. Schwer zu sagen ... Sie war damals schon fünfzig Jahre alt ... Nachdem ich ihr meine Liebe gestanden hatte, steigerte sie mich um drei Rubel monatlich.

WAGIN *lachend*. Ist das wahr?

TSCHEPURNOI. Ja, das hat sie getan. Nun ... leben Sie wohl! *Geht lachend in den Speisesaal. Wagin blickt ihm nachdenklich nach und geht dann rauchend im Zimmer auf und ab. Brummt etwas vor sich hin und schüttelt den Kopf. Antonowna kommt aus Jelenas Zimmer.*

ANTONOWNA *mürrisch für sich*. Ich dachte, der andere wäre fortgegangen ...

WAGIN. Welcher »andere«?

ANTONOWNA. Der Kleinrusse – wo ist er?

WAGIN. Er ist nach Hause gegangen ...

ANTONOWNA. Das ist alles, was er kann: Kommen, Tee trinken und weglaufen. Und das Mädchen verzehrt sich um ihn ... Schläft ganze Nächte nicht ... wenn sie ihm nur sagen wollten ...

WAGIN. Welches Mädchen? Warum schläft sie nicht? Und was soll man ihm sagen?

ANTONOWNA. Ach Sie ... Bei uns im Haue gibt's doch nur **ein** Mädchen ... Sie ist in den Jahren ... Wozu sie ohne Grund beunruhigen. Sie ist ohnehin schon krank. Und Sie laufen alle hier herum und reden, und niemand denkt daran, daß es einem

Menschen so schwer ums Herz sein kann, daß er am liebsten Hand an sich legen würde.

WAGIN *reibt sich kräftig die Stirn, versinkt in Gedanken, wirft dann den Kopf zurück, als habe er einen Entschluß gefaßt.* Pawel!

PROTASSOW *mit einem Buch in der Hand.* Hier bin ich.

WAGIN *feindselig.* Was machst du für ein selbstzufriedenes Gesicht!

PROTASSOW *erstaunt.* Hast du mich gerufen, um mir das zu sagen?

WAGIN. Ich muß dich sprechen ...

PROTASSOW *gähnend.* Ach ... Heute wollen mich alle sprechen. Ich habe schon viel Ungewöhnliches, aber kein vernünftiges Wort gehört.

WAGIN. Ich werde dir etwas Vernünftiges sagen ...

PROTASSOW *sieht in das Buch.* Sei nicht so selbstbewußt.

WAGIN. Leg doch einmal das Buch fort.

PROTASSOW. Wohin, das heißt ... warum?

WAGIN. Irgendwohin ... Die Sache ist die ... Ich liebe Jelena Nikolajewna ...

PROTASSOW *ruhig.* Damit setzt du mich nicht in Erstaunen! Wie sollte man sie nicht lieben?

WAGIN. Ich liebe sie, versteh mich ... als Frau ...

PROTASSOW *ruhig.* Nun, und was weiter? *Rafft sich zusammen und springt auf.* Und sie? Weiß sie es? Hast du es ihr je gesagt? Was hat sie erwidert?

WAGIN. Ja, sie weiß es ...

PROTASSOW *beunruhigt.* Nun –? was denn ... Was hat sie geantwortet?

WAGIN *verwirrt.* Bis jetzt – nichts Bestimmtes ...

PROTASSOW *freudig.* Nun, selbstverständlich! Ich habe es ja gewußt ... Das versteht sich ja von selbst ...

WAGIN *zurückhaltend*. Warte … Die Sache ist vor allem die – daß du dich schlecht gegen sie benimmst …

PROTASSOW *erstaunt*. Ich? Wieso? wann?

WAGIN. Du ignorierst sie. Du hast ihre Liebe zu dir getötet …

PROTASSOW *erschrocken*. Hat sie das gesagt?

WAGIN. Ich sage es …

PROTASSOW *beleidigt*. Erlaubt mal, Herrschaften! Was habt ihr denn heute? Hat denn alles den Kopf verloren? Der eine wirft mir vor, daß ich Jelena nicht liebe, ein anderer behauptet, sie liebe mich nicht … was soll denn das heißen? Ihr seid ganz unzurechnungsfähig. Das ist ja, um verrückt zu werden! Und sie schweigt … sie spricht nicht. Was wollt ihr also? Ich verstehe nichts mehr.

WAGIN. Paul, wir sind Freunde von Kindheit auf … ich habe dich lieb …

PROTASSOW. Wenn es dir möglich ist, versetze deine Liebe mit ein wenig Zartgefühl … ja! Laßt jedem Menschen das Recht, seine Sache selbst zu vertreten … selbst für seine Freiheit, seine Würde einzustehen … Versteht er das, so wird er's besser machen als irgendwer …

WAGIN. Wie aber, wenn er es nicht versteht?

PROTASSOW. Dann zum Teufel mit ihm! Dann ist er überhaupt kein Mensch.

WAGIN. Wie aber, wenn er nicht will?

PROTASSOW. Wenn er nicht will – das ist unmöglich … Dimitrij, entschuldige, aber sieh, wie alle Künstler, bist auch du nicht ernsthaft. Gestern hast du noch geschwiegen, und heute heißt es plötzlich: Ich liebe sie!

WAGIN. Mit dir läßt sich nicht reden … Im übrigen habe ich alles gesagt, was notwendig war … Ich – gehe.

PROTASSOW. Nein – wart! … Ich werde Jelena rufen … *Ruft.* Jelena!

WAGIN *beunruhigt.* Was fällt dir ein! Warum?

PROTASSOW. Warum? Jelena soll in deiner Gegenwart erklären, wie die Sachen stehen. Jelena, so höre doch. *Jelena tritt auf.* Er *(auf Wagin zeigend)* ist, wie es sich herausstellt, ebenso verliebt wie diese Malanja … ja! Aber er ist in dich verliebt … *Jelena wirft einen strengen und fragenden Blick auf Wagin.*

WAGIN *erregt.* Nun ja … was weiter? Ich habe ihm gesagt, daß ich Sie liebe … daß Sie es schwer mit ihm hätten …

JELENA. Ich danke Ihnen … Das ist so ritterlich … und so jung … sehr jung! …

WAGIN *beleidigt.* Spott habe ich nicht verdient. Ich will keine Feindschaft mit Pawel, aber ich fühle, wie sie gegen meinen Willen entsteht … Sollte ich auch albern, roh und taktlos gehandelt haben … so haben mich doch kameradschaftliche Gefühle geleitet … und die Liebe. – ich habe unter dem Eindruck gehandelt, den die Worte der Antonowna in meinem Herzen hervorgerufen haben, und war von dem Wunsche beseelt, für Sie, Jelena Nikolajewna, etwas Gutes zu tun … Unter Leuten wie wir sollte alles klar und einfach sein …

JELENA. Ich danke Ihnen …

PROTASSOW. Ich habe doch nichts, was dich kränken könnte, gesagt, Dimitrij?

WAGIN. Nein! Ich gehe … auf Wiedersehen.

JELENA. Kommen Sie morgen … ja?

WAGIN *abgehend.* Ja, wahrscheinlich.

PROTASSOW *blickt fragend auf seine Frau.* Nun, Jelena? Wie ist es damit? Wie stellst du dich dazu?

JELENA. Und – du?

PROTASSOW. Gut, daß du so ruhig bist … Uff! Ist das ein Tag. Hat er sich dir erklärt?

JELENA. Ja, er hat mir eine Erklärung gemacht …

PROTASSOW. Hat er dir gesagt, daß er dich liebt, und so weiter?

JELENA. Namentlich das »und so weiter« ...

PROTASSOW. Sieh mal einer an ... dieser Maler! Nun, und was hast du gesagt?

JELENA. Vieles ... Verschiedenes ...

PROTASSOW. Hast du ihm gesagt, daß du mich liebst?

JELENA. Nein, das habe ich nicht gesagt ...

PROTASSOW. Schade. Das hättest du sagen sollen ... Du hättest gleich erklären müssen: »Ich liebe Pawel ... das heißt meinen Mann!« Unter diesen Umständen mußte er natürlich denken ... hm ... wirklich ... ich kann nicht beurteilen, wie er wohl gegebenenfalls gehandelt hätte ... denn ich weiß es in der tat nicht! ... und das ist ja auch nicht wichtig ...

JELENA. Und was ist denn deiner Ansicht nach wichtig?

PROTASSOW. Daß sich Derartiges nicht wiederholt ...

JELENA. Pawel! Du hast von ihm gesprochen ... und wolltest sogar etwas an seiner Stelle antworten ... Du hast den Wunsch ausgesprochen, daß das alles dich in Zukunft nicht beunruhigen möge ... Aber wo bleibe ich?

PROTASSOW *beunruhigt.* Das heißt ... Wie? Was willst du damit sagen ...

JELENA. Nicht viel. Ich fühle, daß du mich nicht nötig hast. Ich habe in deinem Leben keine Rolle gespielt. Du stehst mir fern und bist mir fremd! Was bin ich dir? Du fragst nie danach, was ich tue und lasse, und was ich denke ...

PROTASSOW. Ich sollte nicht danach gefragt haben? Aber ... ich habe keine Zeit, danach zu fragen, Jelena ... Und warum hast du es mir nicht selbst gesagt? ...

JELENA *stolz.* Ich will nicht um etwas betteln, was mir von Rechts wegen als Mensch und als deiner Frau zukommt. Bitten kann ich nicht, fordern wollte ich nicht ... wozu in diesem Falle erzwingen wollen?

PROTASSOW *verzweifelt.* Ach du lieber Himmel … das ist hart. Wie überflüssig sind alle diese Mißverständnisse … Erklärungen … wie beleidigend sind sie …

JELENA. Reg dich nicht auf. Siehst du, ich bin entschlossen, dich zu verlassen … das ist mein fester Vorsatz … und in Gedanken habe ich schon von dir Abschied genommen …

PROTASSOW *erschüttert.* Jelena – nein! Wohin willst du gehen? Warum? Liebst du Dimitrij? Ja? Ja?

JELENA. Nein. Nicht so, daß ich seine Frau werden könnte …

PROTASSOW *freudig.* Das ist ja herrlich! Aber mich liebst du auch nicht? Antworte! Schnell, Jelena!

JELENA. Warum willst du das wissen?

PROTASSOW *innig.* Ich liebe dich ja …

JELENA. Laß das, Pawel …

PROTASSOW *mit Überzeugung.* Mein Ehrenwort, Jelena, ich habe ja keine Zeit dafür … Höre … Du sprichst doch nicht im Ernst … Ich begreife, daß du dich gekränkt fühlst … Vergib, verzeih, vergiß! Wenn du fortgehst, werde ich immer denken müssen, wo du bist, wie es dir geht … und meine arbeiten? Willst du mein Leben vernichten, Jelena … was soll aus meinen Arbeiten werden, Jelena? Ich kann nur eins von beiden: entweder arbeiten oder an dich denken.

JELENA *bekümmert.* Prüfe deine Worte … Kein Wort von mir, nicht ein einziges, mein Freund!

PROTASSOW *läßt sich auf die Knie nieder.* Wie, kein Wort? Habe ich dir nicht gesagt, daß ich ohne dich nicht leben kann … Jelena, und wenn ich Schuld trage – verzeih mir! Hindere mich nicht am Leben … Das Leben ist so kurz, und es gibt so viel Interessantes zu arbeiten!

JELENA. Und für mich, was gibt das Leben mir? *Horcht.* Still. *Auf der Treppe hört man schnelle, laute Schritte, Protassow springt erschreckt auf. Lisa kommt heruntergelaufen. Aus ihren weit geöffneten Augen spricht das Entsetzen, ihre Lippen zucken, sie macht Zeichen mit den Händen, kann aber nicht sprechen.*

PROTASSOW. Lisa, was fehlt dir?

JELENA. Wasser! Gib Wasser her!

LISA. Nein, hört … Eben hat sich ein Unglück ereignet. Glaubt es mir … ich weiß es … eine solche Qual, plötzlich war mir, als stände mein Herz still … es hat sich ein Unglück ereignet … irgendwo … jemand, der uns nahesteht …

JELENA. Genug, beruhige dich … Du hast einen bösen Traum gehabt …

LISA *schreit.* Glaubt mir! … Glaubt mir! *Fällt Protassow in die Arme.*

Vierter Aufzug

Bühneneinrichtung des zweiten Aktes. Spielt um die Mittagsstunde. Das Frühstück ist abgetragen, und der Kaffee wird serviert. Roman, mit einem roten Hemd bekleidet, bessert den Staketenzaun des Gartenhauses aus. Luscha steht neben der Veranda und blickt zu ihm hinüber. Man hört Protassow im Zimmer lachen.

LUSCHA. Wo bist du her?

ROMAN. Aus dem Gouvernement Rjasan ...

LUSCHA. Und ich von Kaluga ...

ROMAN. Einerlei ... Na ... wie? *Sieht sie verliebt an.*

LUSCHA. Nöh, vor dir graul ich mich ja!

ROMAN *schmunzelnd, wirft ihr verliebte Blicke zu.* Warum graulen? ... Ach, wegen des Bartes? Das macht nichts. Ich bin Witwer ... Muß wieder heiraten ...

LUSCHA *näher an ihn herantretend.* Du – ist es wahr, was sie beim Kaufmann erzählen – daß der Herr ein Hexenmeister ist?

ROMAN. Kann schon sein, daß er ein Hexenmeister ist ... Die Herrschaften können ja alles ...

LUSCHA. Ich fürchte mich ... Sie sind alle viel zu freundlich ... so freundlich, als wären sie gar nicht die Herrschaft.

ROMAN. Es gibt auch Herrschaften, die falsches Geld machen ...

LUSCHA. Ja? – nun und?

ROMAN. Nun – nichts – dafür wird man nach Sibirien geschickt. *Protassow und Lisa treten aus dem Hause heraus.*

PROTASSOW. Nun, das ist ja herrlich – trink deine Milch ...

LISA *mit einer Grimasse, müde.* Warum trägt der Bauer ein rotes Hemd?

PROTASSOW. Nun, weil es ihm so gefällt ... weißt du – Jelena ist so eine prachtvolle, kluge Frau ...

LISA *rührt mit einem Löffel im Glase um.* Ja?

PROTASSOW *geht auf der Veranda auf und ab.* Ja, Lisa, ja! Glaube mir … Aha, hier ist das neue Stubenmädchen … sieh mal an! Wie heißen Sie?

LUSCHA *furchtsam.* Wir? Lukerja …

PROTASSOW. Aha, Lukerja … hm. Können sie lesen und schreiben?

LUSCHA. Nö … Die Gebete kann ich …

PROTASSOW. Und … sind Sie verheiratet?

LUSCHA. Noch nicht. Wir sind noch frei.

PROTASSOW. Sie kommen offenbar gerade vom Lande?

LUSCHA. Ja, grad vom Land, grad vom Land …

PROTASSOW. Das ist gut … Nun, Sie werden sich bei uns schon einleben … Wir sind einfache Leute … Bei uns, wissen Sie, ist es ganz lustig!

LISA *lächelnd.* Du bist immer so komisch, Pawel.

PROTASSOW. Komisch? … Vielleicht … Weißt du, Lisa, auch Jelena behauptet es … Übrigens, du hast im allgemeinen recht … Zwischen uns und den gewöhnlichen Leuten ist in der Tat eine weite Kluft … und es muß etwas geschehen, um das Volk uns näherzubringen. Jelena hat darüber sehr schön gesprochen … So einfach und überzeugend … ich war ganz starr …, Einen solchen Schatz an Geist und Gefühl hatte ich bei mir, ohne es zu wissen und ohne davon Nutzen zu ziehen. Ich bin offenbar stumpf und beschränkt.

LISA. Genug – die Schuld liegt daran, daß du die Menschen nicht genug beachtest …

PROTASSOW. Ja, ja! Irgend etwas muß es sein … Nachdem wir dich gestern zu Bett gebracht hatten, habe ich drei Stunden mit Jelena gesprochen … Darauf ließen wir Dimitrij holen … Du weißt … er hat … aber darüber braucht man nicht zu sprechen …

LISA. Worüber?

PROTASSOW. Ja … so … Dimitrij soll sich in Jelena verliebt haben, das heißt, das hat er selbst gesagt … Ich glaube ihm aber nicht … und sie auch … Jelena hat herrlich mit ihm gesprochen … weißt du, wie eine kluge, liebende Mutter … Es war rührend … so daß wir alle weinen mußten … Weißt du – Lisa – wie leicht und schön es ist, zu leben, wenn die Menschen einander verstehen und achten. Wir werden alle drei gute Freunde sein.

LISA *bitter.* Alle drei – und ich?

PROTASSOW. Und du auch, natürlich, selbstverständlich – du auch … Lisa, wir alle werden Freunde sein, werden arbeiten für unsere Mitmenschen, und für sie die Schätze der Gefühle und Gedanken zusammentragen, und mit Stolz wird uns das Bewußtsein erfüllen, daß wir viel Wichtiges und Nützliches für die Menschheit geleistet haben, und dann werden wir in sanfter Ermüdung aus dem Leben scheiden, versöhnt mit dem Gedanken, daß dieses Scheiden eine unvermeidliche Notwendigkeit ist … wie herrlich ist das … Lisa … wie klar … wie einfach!

LISA. Ich höre dich gern so reden … ich habe dich so lieb, und das Leben erscheint mir dann so, wie du es ausmalst – einfach und schön … aber wenn ich allein bin … und ich – bin immer allein …

PROTASSOW. Laß den Kopf nicht hängen, Lisa, das war eine Einbildung gestern … Das kommt aber nur von deinen angegriffenen Nerven.

LISA *erschrickt.* Sprich nur nicht von meiner Krankheit … Sprich nur nicht davon … laßt es mich vergessen … das tut mir not … unbedingt … Genug … auch ich will leben …, auch ich habe ein Recht zu leben.

PROTASSOW. Reg dich nicht auf … *Jelena kommt.* Hier ist auch Jelena, mein braver, nur etwas – rauher und strenger Freund.

JELENA. Nun, laß nur … Es ist nicht nötig … *Weist mit den Augen auf Lisa.*

LISA *nervös.* Jelena, du liebst ihn doch, nicht wahr?

JELENA *verwirrt.* Nun, gewiß!

LISA. Wie mich das freut … Und mir schien es …

JELENA. Mir war es eine Zeitlang sehr schwer ums Herz, unvernünftig schwer, denn dieser Herr kann, ohne jede Absicht und ganz ahnungslos, die schwersten Kränkungen zufügen …

LISA *mit Überzeugung.* Du, das kann ich auch … Ich liebe Boris Nikolajewitsch … gestern habe ich seine Hand ausgeschlagen … für immer! Aber am Abend fühlte ich, daß ihm ein Unglück widerfahren ist … etwas Entsetzliches … Er steht mir ja doch näher als irgend jemand, näher als ihr alle … Gestern abend habe ich gefühlt, daß ich ihn liebe, daß er mir notwendig ist … und daß ich ohne ihn nicht sein kann.

NASAR *schreit auf dem Hof.* Roman!

ROMAN *halblaut.* Was gibt es?

LISA. Er ist ein Starrkopf … aber ein prächtiger Mensch … nicht wahr?

JELENA *küßt Lisa.* Meine liebe Lisa … Ich wünsche dir viel Glück … Etwas Glück … das können wir alle brauchen …

LISA. Wie heiß deine Lippen sind!

PROTASSOW. Auch ich wünsche dir viel Glück! Das wird, du wirst es sehen, einen vorzüglichen Einfluß auf dich ausüben! Ein normales Leben – das ist von großer Wichtigkeit, und Tschepurnoi … der gefällt mir. Er ist geistig seiner Schwester weit überlegen …

NASAR *schreit.* Roman! Zum Donnerwetter!

ROMAN. Ja, ja doch!

LISA. Jetzt bin ich ruhig. Ich werde mit ihm irgendwohin in die steppe fahren … er liebt die Steppe … Wir werden allein sein

– ganz allein – wir werden durch die grüne Einöde gehen …
mit dem freien Blick nach allen Seiten … alles und – nichts!

NASAR *erscheint an der Ecke des Hauses.* Roman! Ich rufe dich,
hörst du mich nicht?, oder bist du nicht da?

ROMAN. Ich hör ja … was gibt es?

NASAR. Schließ das Tor, du Faulpelz, und die kleine Tür …
Meine Hochachtung, Pawel Fjodorowitsch! … Wie geht es Ihnen?

PROTASSOW. Vorzüglich. Warum schließen Sie das Tor?

NASAR. Haben Sie nicht gehört? Das Volk ist in großer Aufregung … wegen dieser Krankheit … Das Volk behauptet, daß
es überhaupt keine Seuche gibt … aber daß die Herren Dokto-
ren … der Praxis wegen … vorgeben ...

PROTASSOW. Diese Narren!

NASAR. Gewiß … man weiß ja, wie das Volk ist. – Man nennt
es nicht umsonst »das gemeine Volk«. – Es setzt sich allerhand
Sachen in den Kopf – aus Dummheit – Ärzte gibt es viele –
sagen sie – aber zu tun haben sie wenig. Und nun möchten sie
… Auf alle Fälle habe ich befohlen – zur Sicherung des Eigen-
tums und der Ordnung, das Tor und die Türen zu schließen.

PROTASSOW. Nein, ich muß gestehen, ein solcher Unsinn ist
nur bei uns möglich.

NASAR. Gewiß … Gestern abend haben sie einen Doktor abgefangen und ein wenig massiert –

LISA. Wie heißt er … kennen Sie seinen Namen?

NASAR. Ich weiß nicht ...

JELENA. Lisa, was fällt dir ein. Boris Nikolajewitsch ist doch kein
Arzt!

LISA. Nein … er ist kein Doktor ...

JELENA. Wollen wir gehen … *Führt sie in das Zimmer.*

NASAR. Habe ich das Fräulein erschreckt? … Pawel Fjodorowitsch! Hat Herr Tschepurnoi nicht mit Ihnen gesprochen?

MISCHA *kommt aus der Ecke.* Papa, der Kommissionär ist gekommen. Ich habe die Ehre.

PROTASSOW. Guten Tag.

NASAR. Und: Angenehmes Wiedersehen. *Ab.*

MISCHA. Ein schöner Tag … nicht zu heiß …

PROTASSOW. Ja, es ist sehr angenehm …

MISCHA. Entschuldigen sie, gütigst eine Frage, Sie hatten ein Dienstmädchen – ist sie fort?

PROTASSOW. Ja.

MISCHA. Man erzählt, sie werde sich verheiraten, und noch dazu mit einem reichen Mann?

PROTASSOW. Davon ist mir nichts bekannt … wie käme ich dazu, das zu wissen?

MISCHA. War sie ehrlich … das Mädchen?

PROTASSOW. unbedingt! Nur ungeschickt … sie zerschlug viel Geschirr …

MISCHA. So … was Sie sagen! Hm … Aber so … was ich sagen wollte … hat mein Vater nicht mit Ihnen über eine chemische Fabrik gesprochen, Pawel Fjodorowitsch?

PROTASSOW *erstaunt.* Über eine Fabrik? Nein! Was für eine Fabrik sollte das sein?

MISCHA. Wir hatten die Idee, eine chemische Fabrik aufzubauen und Sie als Leiter zu nehmen …

PROTASSOW. Entschuldigen Sie … Was soll das heißen? Zu nehmen! Ich bin doch kein Sack! Sie drücken sich einigermaßen merkwürdig aus …

MISCHA. Pardon! Es handelt sich hier nicht um leere Worte … die Sache ist ernster … Wir, das heißt ich und Papa … hegen vor Ihnen persönlich die größte Hochachtung …

PROTASSOW *trocken.* Ich bin sehr gerührt.

MISCHA. Unsere Mittel sind Ihnen bekannt, und wir wissen, daß Sie voraussichtlich in absehbarer Zeit gezwungen sein werden, sich nach einer Stellung umzusehen. Angestellter zu sein ist aber schwer ... und würde Ihnen besonders schwerfallen.

PROTASSOW. Hm – ja! Sie könnten vielleicht recht haben.

MISCHA. Da haben denn ich und Papa, in Würdigung Ihrer Talente und Ihres Wissens. In Anbetracht dessen, daß sie eine Persönlichkeit sind, die für eine Gesellschaft paßt, beschlossen, Ihnen vorzuschlagen, uns einen Kostenanschlag für die Errichtung einer Fabrik zu machen ...

PROTASSOW. Aber – erlauben Sie – ich bin durchaus nicht imstande, einen derartigen Kostenanschlag zu machen ..., ich habe das noch nie getan! Die technische Chemie hat überdies für mich kein Interesse ... ich bin Ihnen für Ihre Liebenswürdigkeit dankbar, aber –

MISCHA. Für Technik interessieren Sie sich also nicht?

PROTASSOW. O nein ... das ist langweilig ... das ist nichts für mich!

MISCHA *sieht Protassow mitleidig an.* Sprechen sie im Ernst?

PROTASSOW. Vollkommen im Ernst.

MISCHA. Das ist sehr bedauerlich ... Aber, Sie sollten – nach meinem Dafürhalten wenigstens ... sich die Sache doch noch überlegen – vorläufig – auf Wiedersehen. *Ab. Jelena kommt aus dem Hause.*

JELENA *aufgeregt.* Pawel ...

PROTASSOW. Was gibt's?

JELENA. Ich glaube, Lisa ist ernstlich krank ...

PROTASSOW. Nach einem Anfall ist das mit ihr immer so ... Es wird nichts Ernstliches sein ... Ich habe soeben eine Unterredung mit diesem ... Sohn des Hauswirts gehabt ... Ein widerwärtiger Bengel – und stell dir nur vor – er hat eine so warme Teilnahme für mich verraten ... Die Art und Weise, in der er es tat, war allerdings nicht fein ... aber dennoch ... er schlug mir vor, irgendeinen Kostenanschlag zu machen, und überhaupt ...

JELENA. Und überhaupt will er dich ausnützen, dich als Werkzeug für seine Bereicherung gebrauchen ... Ich kenne ihre Pläne ... der Alte hat mit mir darüber gesprochen ... Was fehlt dir ... Ist dir kalt?

PROTASSOW. Warum? Durchaus nicht.

JELENA. Warum hast du deine Überschuhe angezogen?

PROTASSOW *blickt auf seine Füße.* In der Tat ... die Überschuhe! ... Wann habe ich sie nur angezogen? Merkwürdig ... Ich weiß wirklich nicht, wie sie ...

JELENA. Vielleicht hat das neue Mädchen dir die Überschuhe hingestellt, und du hast es nicht bemerkt ...

PROTASSOW. Ja – bitte, laß sie nicht zu mir hinein ... sie macht mich nervös. Sie ist so ungeschlacht! Sie wird bei mir noch alles zerschlagen oder sich mit irgend etwas begießen ... heute morgen habe ich sie angetroffen, als sie sich den Kopf mit Wasserstoffsuperoxyd wusch; sie hat es offenbar für Kölnisches Wasser gehalten. *Faßt Jelena an der Hand.* Meine liebe Jelena, wie hast du mich gestern ... gepeinigt!

JELENA. In den wenigen Minuten? Und ich habe mich monatelang ... jahrelang gequält ...

PROTASSOW. Nun, nun, lassen wir das. Das ist nicht nötig –

JELENA. Wenn du wüßtest, wie erniedrigt man sich vorkommt, wenn man liebt und keine Gegenliebe fühlt! Du hast aus mir eine Bettlerin gemacht, die auf ein wenig Aufmerksamkeit, eine kleine Zärtlichkeit warten mußte. Wie demütigend ist es, auf Liebkosungen zu warten! ... Dein Geist ist so hell, dein teures Haupt denkt an so viel Großes, aber zu wenig an das Beste vom Großen – an die Menschen!

PROTASSOW. Das ist jetzt alles vorüber, Jelena ... Das wird nun ganz anders ... Nur Dimitrij ... es tut mir wirklich leid um ihn

… Es schellt … aha … die Pforte ist geschlossen! Wahrscheinlich Dimitrij … ich wollte aber, es wäre Tschepurnoi, um Lisas willen natürlich.

JELENA *schelmisch.* Um Lisas willen? Ja?

PROTASSOW. nun, Jelena … Du wirst doch nicht denken, daß ich eifersüchtig bin … und so weiter ...

JELENA *feierlich.* Oh, natürlich nicht! Du, für den, außer der Wissenschaft ...

PROTASSOW. Du willst also durchaus, daß ich dich mal schlage? Nicht, Lenka? *Will sie küssen, blickt in den Garten und sieht Melanija kommen. Verwirrt. Spricht etwas verlegen.* Du, Jelena, da ist sie … auf deiner Schulter … hast du eine Feder ...

MELANIJA *mit verlegenem Lächeln.* Guten Tag.

PROTASSOW *übertrieben freudig.* Ah, Melanija Nikolajewna! Sie! Sie haben sich so lange nicht sehen lassen ...

MELANIJA. Wie, lange nicht? Ich war doch erst gestern hier, und das haben Sie schon vergessen?

PROTASSOW. Ach – ja! Nein. Wie denn … Ich entsinne mich ...

MELANIJA. Und ich glaubte, Sie würden sich wegen gestern über mich lustig machen!

PROTASSOW *schnell.* Aber wie können sie nur denken? Das ist ja Unsinn *hat seine Fassung wiedergewonnen* … das heißt, ich wollte eigentlich sagen, daß das ja jedem passieren könnte. *Wird ganz verwirrt.*

JELENA. Pawel, es wäre besser, du sprächest nicht.

MELANIJA *liebevoll, aber traurig.* Oh – Sie!

PROTASSOW. Ja! Ich will es auch nicht tun! Ich gehe … meine Überschuhe auszuziehen … Weiß der Kuckuck, wozu ich sie anhabe … *Ab.*

MELANIJA *lächelt traurig.* Hören Sie nur – dummes Zeug, sagt er … Ich habe ihm mein ganzes Herz aufgedeckt … und er sagt, so etwas könne jedem passieren … Gerade, als hätte ich ihn aufs Hühnerauge getreten …

JELENA. Nehmen Sie es ihm nicht übel, Melanija Jakowlewna!

MELANIJA *aufrichtig.* Meine Liebste! Wie sollte ich es ihm übelnehmen? Ich habe die ganze Nacht nicht geschlafen und bin durch die Zimmer gelaufen – ich habe darüber nachgedacht, woher ich die Dreistigkeit genommen habe, so mit ihm zu reden. Wissen Sie was? ich hatte mir die Sache ungefähr **so** gedacht: mit deinem Gelde wirst du ihn locken. Wer kann vielem Gelde widerstehen? – so dachte ich … Aber er hat sich nicht verlocken lassen.

JELENA. Vergessen Sie es … *Lisa kommt langsam gegangen.* Was willst du, Lisa?

LISA *beklommen, traurig.* Ist Boris Nikolajewitsch noch nicht gekommen?

JELENA. Nein, er ist noch nicht hier gewesen.

LISA. Nein, noch nicht … *Ab ins Haus.*

MELANIJA. sie hat mir ja gar nicht guten Tag gesagt – wie blaß sie ist!

JELENA. Sie hatte gestern wieder einen Anfall …

MELANIJA. Wieder? Die Ärmste! … Sie sagen, ich soll es vergessen. – Nein, ich werde nicht vergessen, ich **darf** es nicht vergessen. Vergesse ich es, so stelle ich nächstens wieder so etwas an. Meine teure, was bin ich für ein schlechtes Geschöpf! Frech, verdorben … Viele Gedanken habe ich nicht, und auch diese sind nicht gerade, sondern krümmen sich wie die Würmer nach allen Seiten hin. Und ich will diese Gedanken nicht haben … ich will sie nicht! Ich will anständig sein, es ist mir ein Bedürfnis, anständig zu sein, sonst kann ich noch so viel Schaden anrichten.

JELENA. Sie wollen es, also werden Sie es. Was haben sie für ein schreckliches Leben hinter sich … sie müssen ausruhen und das Vergangene vergessen.

MELANIJA. Ich habe es schwer gehabt! … das weiß Gott! Wie hat man mich geprügelt … aber nicht mein Körper, nicht meine Wangen tun mir leid, nur meine Seele … Meine Seele haben sie verdorben … mein Herz befleckt … An das Gute zu glauben, fällt mir schwer, und was ist das Leben ohne diesen Glauben? Da ist zum Beispiel Boris – der macht sich über alles lustig und glaubt an nichts. Was ist er denn? – Wie ein heimatloser Hund läuft er herum. Sie haben mir gleich geglaubt. Ich war erstaunt. Sie wird dich betrügen, dachte ich. Aber statt dessen waren Sie zärtlich gegen mich und haben mich über mich selbst aufgeklärt.

JELENA. Es ist genug. Lassen wir das, meine Liebe.

MELANIJA. und wie gut, wie einfach Sie das gemacht haben. Glauben sie mir, nicht das Weib in mir liebt ihn, sondern der Mensch … den Menschen in mir habe ich nämlich vorher nie gefühlt, an den habe ich nicht geglaubt …

JELENA. Wie ich mich freue, daß Sie das erfaßt haben!

MELANIJA. ich habe es sofort begriffen, aber dennoch dachte ich: Probier's einmal, vielleicht kannst du dir einen feinen Herrn zum Manne kaufen. Bin ich nicht niederträchtig?

JELENA. Sprechen sie nicht so von sich … Man muß sich selbst achten … ohne das kann man nicht leben … Ich möchte ihnen so gern etwas zuliebe tun.

MELANIJA. Oh, tun Sie es! Schenken sie um Christi Willen der reichen Kaufmannsfrau ein kleines Almosen!

JELENA. Nicht so, nicht so … Und … weinen Sie nicht!

MELANIJA. Das tut nichts, lassen Sie meine Seele sich reinwaschen. Jelena Nikolajewna! Nehmen Sie mich in Ihre Obhut …

Lehren Sie mich etwas Gutes, etwas Edles ... Sie können es ... *Lisa kommt.* Jelisaweta Fjodorowna, guten Tag!

LISA *reicht Melanija schweigend die Hand.* Er ist noch nicht gekommen, Jelena?

JELENA. Nein ... was ist dir?

LISA. Nicht?

JELENA. Dir ist nicht wohl!

LISA. Nein ... aber diese Angst – *Geht in den Garten.*

MELANIJA. Wen erwartet sie?

JELENA. Boris Nikolajewitsch ... Wissen Sie es nicht ... sie sind verlobt ...

MELANIJA. Gott im Himmel! So werde ich noch mit Pawel Fjodorowitsch verschwägert sein ... und mit Ihnen auch? Ach, Boris ... Lisa ... Liebe ... ich will zu ihr gehen – darf man?

JELENA. Bitte ...

MELANIJA *lebhaft und froh.* Nein, wie sich das alles fügt, wie schön das ist! Lassen Sie mich Sie umarmen. *Antonowna kommt.* ... Ich gehe zu ihr in den Garten. Guten Tag, Altchen ... Guten Tag, meine Liebe! *Ab.*

ANTONOWNA. Guten Tag ... Warum räumt denn dieses Roß, das neue Stubenmädchen, nicht den Tisch ab? Sie haben sich das Mädchen aus dem Gesindebüro schicken lassen – man muß sich die Leute selbst aussuchen und sich nicht aufs Büro verlassen.

JELENA *faßt sie an den Schultern.* Brummen Sie doch nicht, Antonowna, heute ist so ein schöner Tag.

ANTONOWNA. Wir haben Frühjahr, da muß es warme Tage geben. Ordnung aber soll immer sein. Diese Neue da drin hat sich vor ein paar Tagen zum Teetrinken hingesetzt und hat gleich den ganzen Samowar ausgesoffen – genau wie ein Pferd. *Wagin kommt.*

JELENA. Du gönnst ihr wohl das Wasser nicht?

ANTONOWNA. Das Wasser gönn ich ihr schon, aber sie knabbert Zucker, als ob's 'ne Rübe wär, ja! ... *Ab ins Zimmer, nimmt einen Gegenstand vom Tisch mit.*

JELENA *zu Wagin.* Guten Tag, mein Ritter.

WAGIN *bewegt.* Die Hand darf ich Ihnen doch küssen?

JELENA. Warum sollten Sie es nicht?

WAGIN *seufzend.* Nun, ich dachte schon ...

JELENA. Wie Sie seufzen – Sie Märtyrer! ...

WAGIN *verletzt.* Wenn ich Sie so ansehe ... wissen Sie, was mir dann durch den Kopf geht?

JELENA. Das muß interessant sein! Was denn?

WAGIN. Sie haben sich meiner bedient, damit Pawel geruhe, Ihnen seine gnädige Aufmerksamkeit wieder zuzuwenden ... Das haben Sie fein gemacht!

JELENA. Mein Ritter! Welche in Ton ... »Sie haben sich meiner bedient« ... was soll das heißen? Und dann »fein gemacht« ...

WAGIN *betrübt.* Sie haben mir eine Lehre erteilt wie einem Schuljungen.

JELENA *ernst.* Dimitrij Sergejewitsch ... Ich höre nicht gern Unsinn.

WAGIN *nachdenklich und einfach.* Ich fühle, daß ich eine – nicht übermäßig geistreiche Rolle gespielt habe ... und das kränkt mich ... Überhaupt fühle ich mich nicht recht wohl ... Nach der gestrigen Unterredung ist in meinem Kopf nicht alles in Ordnung ... Jelena Nikolajewna, sagen sie mir die Wahrheit ...

JELENA. Muß man mich erst feierlich darum bitten?

WAGIN. Ich wollte Sie fragen, ob Sie nie wärmer für mich empfunden haben?

JELENA. Für sie als Mann – nie; den Menschen lieb ich ernst und tief –

WAGIN *lächelnd.* Das soll mir wohl schmeicheln? Ich verstehe die Menschen nicht ... verstehe sie nicht. Ich, sehen Sie, liebe

Sie ganz – ohne so feine Unterscheidungen. Erst gestern habe ich gefühlt, daß in der Frau das Weibliche mit dem allgemein Menschlichen so eng verschmolzen ist, so untrennbar zu einem einzigen schönen und harmonischen Ganzen ... ich schämte mich dessen und hatte Mitleid mit mir selbst ... Und seit gestern lieb ich Sie ...

JELENA *verdrießlich*. Wieder von neuem ... Warum?

WAGIN *ernst und mit Nachdruck*. Ja, ich habe Sie liebgewonnen! ... für das ganze Leben ... und verlange nichts von Ihnen ... Wahrscheinlich werde ich doch heiraten, und so weiter, wie die Verhältnisse es so mit sich bringen ... Aber lieben werde ich nur Sie ... und immer. Und nun lassen wir das. Ich bin Ihnen wohl jetzt mit meinem Gerede lästig geworden? nicht?

JELENA *reicht ihm die Hand*. Ich glaube Ihnen ... Es scheint mir, Sie sprechen die Wahrheit ...

WAGIN. Und früher – haben Sie diese Wahrheit in meinen Worten nicht gefühlt? Nie?

JELENA *lächelt weich*. Nein. Niemals! Wie es geschehen ist? Einmal, als ich die Herrschaft über mich verloren hatte, habe ich mich bei Ihnen über meine Vereinsamung beklagt ... Sie betrugen sich gegen mich so prachtvoll, so einfach, so rein. Ich empfand für Sie ein starkes, ein warmes Gefühl der Dankbarkeit – und dann ... merken Sie wohl ... erst damals fingen Sie an, zu mir von Liebe zu sprechen.

WAGIN *nachdenklich*. Erst da? ... das hat Sie ... gekränkt?

JELENA *lächelnd*. Ich weiß nicht ... vielleicht ein wenig ...

WAGIN *verdrießlich und traurig*. Nein ... genial war das nicht ... gelinde ausgedrückt ... ich bin dumm ... ich verstehe die Menschen nicht.

JELENA. Lassen wir das ... nicht? Nun, wollen wir gute Freunde bleiben?

WAGIN *lächelnd*. Auf Handschlag! Was?

JELENA *faßt ihn am Kopf und küßt ihn auf die Stirn.* Seien Sie frei! Für einen Künstler ist die Freiheit ebenso unentbehrlich wie Geist und Talent … Seien sie wahr … und denken sie nicht zu schlecht von den Frauen.

WAGIN *gerührt, aber sich beherrschend.* Meine Teuerste, das letzte brauchten Sie nicht zu sagen … Ich danke Ihnen! Sie haben recht … Der Künstler muß für sich allein dastehen … Die Freiheit … das ist ja die Einsamkeit … nicht?

JELENA. Ja, wahrscheinlich ist es so, mein Freund.

WAGIN. Pawel kommt, ich höre seinen lächerlichen Gang – *Protassow tritt ein.* Guten Tag, Rival!

PROTASSOW. ist Melanija Nikolajewna fortgegangen?

JELENA. Sie ist bei Lisa im Garten … soll ich sie rufen?

PROTASSOW. Mach keine Witze, Lenka! Weißt du was, kümmre dich lieber um unser neues Stubenmädchen. Sie steht im Begriff, Seife zu essen! Ich bat sie, ein Stück Seife aus dem Papier zu wickeln, sie zerriß das Papier, steckte es in die Tasche und leckte es nachher ab …

JELENA. Was? *Geht ins Zimmer.*

WAGIN. Laß sie … Laßt jedem sein Vergnügen … Ich habe eben Jelena Nikolajewna eine neue Liebeserklärung gemacht …

PROTASSOW *ein wenig beunruhigt.* Hm … nach meinem Dafürhalten solltest du verreisen. Dimitrij … verreisen! … Und dann wird alles vergehen … Mache dir darüber keine Sorgen …

WAGIN. Ich werde auch verreisen … obgleich ich weiß, daß es nicht vergehen wird … Beunruhige du dich nicht deswegen …

PROTASSOW. Ich – durchaus nicht … nur ein gewisses Unbehagen –

WAGIN. Glücklich sein schafft Unbehagen? Das macht dir vielleicht Ehre … obgleich es dumm ist …

PROTASSOW. Ärgere dich nicht über mich, Dimitrij … Es war ja Jelena … Ich trage keine Schuld daran … Was kann ich tun, wenn sie mich liebt und nicht dich …

WAGIN *lächelnd.* Oh, wie nett!

PROTASSOW. Nein, Dimitrij, gestern hast du mich entsetzlich niedergedrückt … Du bist besser als ich … Ich bin so ein Planet mit unbekannter Flugbahn … Ich drehe mich um mich selbst und fliege irgendwohin und – basta! Aber du kreisest um die Sonne … Du stehst in Harmonie mit dem System. *Lisa kommt aus dem Garten; hinter ihr Melanija. Jelena kommt aus dem Zimmer.*

WAGIN. Nun, wie ich mich drehe und wende, das weiß ich nicht … aber dir gebe ich den Rat … dreh du dich um deine Frau … Verlier sie nicht aus den Augen.

PROTASSOW. Wie sind doch die Menschen gut!

LISA *betrübt und beklommen.* Noch nicht?

JELENA. Nein, meine Liebe … soll man ihn holen lassen?

LISA. Das ist nicht nötig … nein – *Geht in das Zimmer.*

MELANIJA *leise und besorgt.* Meine Herrschaften! Sie beginnt mit sich selbst zu reden. Die ganze Zeit spricht sie von Steppen und Wüsten …

LISA *aus dem Zimmer.* Melanija Nikolajewna, wo sind Sie denn?

MELANIJA *rasch ab.* Ich komme, ich komme!

JELENA. Pawel, sie macht mir ernstlich Sorge … Man muß einen Arzt rufen lassen …

PROTASSOW. Nun gut … ich hole einen …

ANTONOWNA *tritt ein.* Dimitrij Sergejewitsch! Hier ist ein Brief an Sie.

WAGIN. Woher?

ANTONOWNA. Aus Ihrer Wohnung … soll sofort abgegeben werden. *Ab.*

WAGIN. Was ist denn da los? *Reißt das Kuvert auf. Liest, gerät in große Erregung.* Um Gottes willen, meine Herrschaften … Tschepurnoi … hören Sie! …

JELENA. Leiser! … Leiser! … Lisa, was gibt's?

WAGIN. Als er gestern von Ihnen fortging … scherzte er … lachte … Ehrenwort, und jetzt … *Liest, unwillkürlich die Sprechweise Tschepurnois nachahmend,* »Hier haben Sie noch eine Anekdote: Ein Tierarzt, der – sich aufgehängt hat. Er wollte auch die Ehre des Standes wahren, wie jener Engländer. Ich danke Ihnen für die Falte. Es ist doch immerhin angenehm zu wissen, daß irgendwo von einem wenigstens ein Runzel übriggeblieben ist. Schenken Sie der Farbe Ihrer Krawatten größere Aufmerksamkeit, das ist sehr wichtig … Tschepurnoi …«

PROTASSOW. Das ist doch nicht ernst?

JELENA. Leise! Was war das für eine Anekdote? Was heißt das? Vielleicht ist es ein Scherz?

WAGIN. Nein … Schwerlich … Er lachte … weiß Gott …

LISA *kommt schnell auf die Bühne, sieht alle an.* Ist er gekommen? Wo ist er?

JELENA. Er ist nicht gekommen …

LISA. Aber die Stimmer? Seine Stimme! Ich habe ihn eben sprechen gehört? … Was schweigt ihr? Wo ist er?

WAGIN. Das war ich … ich habe gesprochen …

LISA. Nein, nein, es war seine Stimme …

WAGIN. Ich habe seine Sprache nachgeahmt und mich ein wenig über ihn lustig gemacht.

LISA. Warum?

WAGIN. Ach – so …

PROTASSOW. Siehst du, wir plauderten hier … plötzlich …

LISA. Was plötzlich?

JELENA. Beruhige dich, Lisa …

WAGIN. Ich erinnerte mich an seine Art zu sprechen und sprach ein paar Worte … mit seiner Stimme …

LISA. So? Sagen Sie die Wahrheit? Ab er warum schweigt ihr? Pawel, was ist dir? Etwas ist vorgefallen, nichts? – Lieber Pawel, du verstehst nicht zu lügen … nicht wahr? … was ist geschehen? *Wagin entfernt sich unbemerkt ins Haus.*

PROTASSOW. Nein. Lisa … Siehst du, die Sache ist die … ist wahr … das heißt, Dimitrij hat gesprochen …

JELENA. Hör einmal, liebe Lisa …

LISA. Jelena, rühr mich nicht an … Pawel, du mußt mir alles sagen …

PROTASSOW. Aber ich weiß nichts …

LISA. Was muß man wissen? Jelena, schicke nach ihm … nach Boris … aber gleich …

JELENA. Ja, ja, sofort, beruhige dich nur.

LISA. Nein … ihr lügt … Wo ist Wagin geblieben? … Er spricht mit seiner Schwester – und sie macht ein Gesicht – ein Gesicht –

PROTASSOW *leise zu Jelena.* Was tun?

JELENA *leise.* Zum Arzt, so schnell wie möglich …

LISA. Ich falle … halte mich, Jelena … ich falle … was habt ihr da zu tuscheln?

JELENA. Wie soll ich dich nur beruhigen? … Pawel! …

LISA. Wohin ist er gelaufen? Jelena … um Gottes willen. Sieh mir in die Augen … Lüge nicht, Jelena, ich flehe dich an! *Melanija kommt aus dem Zimmer, hinter ihr Wagin.* Wohin? Wo ist ihr Bruder Boris?

MELANIJA. ich weiß nicht …

LISA. Sagt es – auf einmal … Alles, schnell, alles … Er ist tot?

MELANIJA. Ich weiß nicht … ich weiß es nicht … *Geht zur Pforte.*

LISA. Nein, nein, nein! So sagt mir doch etwas ... das Herz zer-
bricht mir ja! Wenn er tot ist, dann hab ich ihn getötet ...
Nein, nein ...

WAGIN. Was machen Sie sich für Gedanken ...

MISCHA *kommt auf die Veranda gelaufen und schreit mit einer
Lebhaftigkeit, die der Freude sehr nahe kommt.* Meine Herrschaften! Wissen Sie schon! Der Veterinär Tschepurnoi hat sich ...

WAGIN *droht ihm mit der Faust.* Schweigen Sie.

MISCHA. ... erhängt.

LISA *reißt sich aus Jelenas Armen, ruhig und deutlich.* Gestern
abend – gegen neun? ...

MISCHA. Ja, ja ... an der Silberweide beim Flüßchen ... Und ich
dachte, Sie wüßten es nicht! *Ab.*

LISA *öffnet die Augen weit, sieht alle an, mit eigenartigem Ausdruck
der Stimme.* Ich habe es gewußt ... Erinnerst du dich, Jelena!
... Ich habe es gefühlt ... *Leise, mit Entsetzen.* Nein? Nein! Ich
bin es nicht gewesen ... Sagt, daß ich ihn nicht getötet habe
... Nein! *Schreit auf.* Ich habe es nicht gewollt ... Nein! *Sie ist
im Begriff zu fallen; Wagin und Jelena heben sie auf und tragen
sie ins Haus. Sie schreit, schlägt um sich und ruft in beständig
beschleunigtem Tempo.* Nein, nein, nein, nein ... *Hinter der
Ecke der Veranda erscheint Roman langsamen Schrittes und
blickt in die Zimmer. Von dort kommt Luscha herausgelaufen,
ganz erschreckt.*

LUSCHA. Höre mal ... du ... wie heißt du? ... du aus dem
Rjasanschen ... was machen die da?

ROMAN. Wieso?

LUSCHA. Sie schleppen das Fräulein herum und sie schreit –
»nein!«

ROMAN. War sie es, die so geschrien hat?

LUSCHA. Ja, sie ... und die anderen schleppten sie hinein ... ich
fürchte mich ... huh! ...

ROMAN *philosophierend.* Warum hat sie denn eigentlich geschrien?

LUSCHA. Weiß ich nicht … das wollen Herrschaften sein!

ROMAN. Das Geschrei war vielleicht nicht nötig … das soll nicht sein …

MISCHA *kommt eilends aus der Ecke.* Wer hat geschrien?

ROMAN *mit dem Kopf nach Luscha weisend.* das war bei ihren …

LUSCHA *abwinkend.* Warum zeigst du auf mich? Das war bei den Herrschaften.

MISCHA *streng zu Luscha.* Wer hat geschrien?

LUSCHA. Das Fräulein.

MISCHA *mustert sie mit den Augen.* Warum?

LUSCHA. Sie haben sie hineingeschleppt …

MISCHA. Wer?

LUSCHA. Sie … die … dort …

MISCHA *klopft sie auf die Schulter.* Ach du … dumm wie Bohnenstroh! *Betritt die Veranda, Antonowna tritt ihm entgegen.* Was ist denn hier passiert, Antonowna?

ANTONOWNA. Das Fräulein hat einen Anfall …

MISCHA *zu Roman und Luscha. Roman entfernt sich langsam zum Gartenzaun und macht sich da wieder zu schaffen.* Da habt ihr's, ihr Dummköpfe! Wie ist denn das gekommen, Antonowna?

ANTONOWNA. Unser Herrgott hat's so gewollt … alles kommt von ihm!

MISCHA *mit höhnischem Lächeln.* Vielleicht auch vom Tierarzt? *Geht zufrieden ab.*

ANTONOWNA *sieht ihm vorwurfsvoll nach und seufzt, spricht mit dem Ausdruck des Bedauerns.* Dummkopf! … Lukerja … was machst du hier? Geh ins Haus …

LUSCHA. Antonowna – was ist denn das für ein Anfall? Ist es die fallende Sucht – oder was ist es?

ANTONOWNA. Ja! Ja! Geh nur ...

LUSCHA *im abgehen*. Na, die fallende Sucht – das ist nichts Besonderes! ... ich hab schon anderes gesehen ... Habe ich einen Schrecken gekriegt, als sie das Fräulein fortschleiften ... *Roman brummt etwas vor sich hin. Wagin kommt aus dem Zimmer, verstimmt, geht auf der Veranda auf und ab – und sieht nach Roman. Holt sein Skizzenbuch und einen Bleistift hervor.*

WAGIN. Hör mal, Onkel!

ROMAN. Meinen Sie mich?

WAGIN. Bleib einmal stehen ...

ROMAN. Wozu? Warum?

WAGIN *zeichnend*. Nun, ich will dich zeichnen.

ROMAN. Was du sagst? ... Kann mir das nicht schaden?

WAGIN. Du kriegst ein Zwanzigkopekenstück.

ROMAN. Das läßt sich hören ...

WAGIN. Halt den Kopf höher ...

ROMAN *wirft den Kopf in die Höhe*. Gut!

WAGIN. Niedriger ... Nicht so hoch!

ROMAN. War ich nicht fein? Nun, nehm ich mich schön aus?

WAGIN *durch die Zähne*. Nicht übel. *Pause. Aus dem Zimmer hört man Gestöhn. In einiger Entfernung auf der Straße ertönt wirrer Lärm. Melanija erscheint.*

WAGIN. Nun? Was ...

MELANIJA *dumpf*. Ich habe ihn gesehen ... Er sah schrecklich aus ... ganz blau ... die Zunge hängt ihm aus dem Munde ... und er scheint spöttisch zu lächeln ... Entsetzlich! Wie geht es – Lisa?

WAGIN *düster*. Da – hören Sie?

MELANIJA. Wie ist das nur gekommen? Es ging doch alles so gut? ...

WAGIN. Wie hat es denn eigentlich angefangen?

110

MELANIJA. ich weiß es nicht … ich verstehe die ganze Geschichte nicht … es ist nur schrecklich … Und Sie zeichnen? Wie Sie das nur können …

WAGIN. Und Sie – atmen? Können Sie – **nicht** atmen? Na, genug, Alter, hier hast du deine zwanzig Kopeken! *Wirft das Geldstück Roman vor die Füße.*

MELANIJA. Ist Jelena Nikolajewna allein? Ich gehe zu ihr, vielleicht braucht sie etwas … O Gott im Himmel … Boris muß beerdigt werden und alles … und ich habe noch gar nichts angeordnet … Habe nur einen Blick auf ihn geworfen und bin hierhergefahren … Auf den Straßen lärmt das Volk so merkwürdig. Die Leute laufen herum und scheinen erregt zu sein … und ich … ich verstehe nicht … immer sehe ich sein blaues Gesicht vor mir, wie es mir zunickt, und die ausgestreckte Zunge … Es lacht noch immer. *Geht weinend ins Haus.*

ROMAN *mit Genugtuung.* Sieh mal einer an … Die Dame da weint … Warum denn?

WAGIN. Ihr Bruder ist gestorben.

ROMAN. Ah – ah! Na – … Das tut nichts … das ist ja ein Grund! … Sonst weinen die Weiber ja sehr oft ohne Grund … Gibt man ihnen nur eins ins Genick, so fangen sie schon an zu heulen. *Der Lärm auf der Straße wird lauter. Dumpfe Rufe ertönen. Mischa stößt hinter der Szene einen Schreckensruf aus:* »Roman!« Du kannst warten! *Horcht.* Vielleicht ein Feuer … oder jemand kriegt Prügel … Wohl ein Dieb. Na – auch den Dieben macht man das Leben sauer. Man kann ja gehen und nachsehen …

JELENA *kommt heraus, Wagin sieht sie fragend an. Sehr erregt.* Ich fürchte, sie kommt nicht darüber hinweg.

WAGIN. Ach … hören sie auf. Das kommt ja nicht zu erstenmal vor.

JELENA. Doch, so ist sie noch nie gewesen. Sie zeigt schon die Verschlagenheit der Wahnsinnigen. Zuerst bat sie um Gift … und dann wurde sie plötzlich merkwürdig ruhig … aber aus ihren Augen glänzte eine tierische List.

WAGIN. Darf ich Ihnen nicht etwas Wasser geben?

JELENA. Nein … dann hat sie sich hingelegt … sie sagte mir, daß ich sie nervös mache … ich ging ins Nebenzimmer … Plötzlich höre ich, wie sie leise … ganz leise aufsteht … und auf Pawels Tisch zugeht … Dort lag in einem Kasten ein Revolver … hier ist er … ich habe mit ihr gerungen, und sie hat mir die Hände zerkratzt … wie ein Tier … sie war wie ein Tier.

WAGIN. Teufel auch … warum haben Sie mich nicht gerufen … nicht nach Hilfe geschrien!

JELENA. Ich begreife nicht, daß wir einander nicht erschossen haben … jetzt liegt sie … sie ist gebunden … das Mädchen hat mir geholfen … Antonowna sah zu und weinte … bat inständig, man solle Lisa nicht anrühren … weil sie eine Generalstochter ist … Was für ein Lärm … warum lärmen denn die Leute so? … Es muß hier in der Nähe sein …

WAGIN. Der Hausknecht ist gegangen sich erkundigen, was das …

JELENA. Und Pawel ist noch immer nicht da? – Was ist das? *Vor der Pforte des Hauses Getümmel. Man hört Rufe: »Haltet ihn!«, »Aha« – »Über den Zaun«, »Faßt an, Jungens …«, »Der mit dem Stock«, »Haut ihn«.*

JELENA *erschrocken.* Um Gottes willen. Wir wollen hin …

WAGIN. Ich allein … *Hinter der Ecke des Hauses stürzt der Arzt hervor, auf die Veranda zu, seine Kleider sind zerrissen, er ist ohne Hut.*

DER ARZT. Verstecken Sie mich … schließen Sie die Tür …

JELENA. Doktor … was ist mit Ihnen? …

DER ARZT. Sie schlagen … sie haben die Lazarettbaracke zerstört … sie hauen … mich haben sie hinter der Pforte abgefangen

… sie werden mich totschlagen … *Wagin stürzt auf die Tür zu.*

JELENA *zu Wagin.* Nehmen Sie den Revolver.

DER ARZT. Sie werden einbrechen und mich …

JELENA *führt ihn ins Haus.* Kommen Sie her, schneller … Antonowna! Antonowna! *An der Pforte wird stark gerüttelt, ein Brett in der Seitentür wird zerschlagen, zerbrochenes Glas klirrt, Protassow springt herein, er wird von etwa zehn Leuten verfolgt. Er wehrt ihnen, indem er ihnen seinen Hut und sein Taschentuch entgegenschwenkt. Das macht den Leuten Spaß und einige lachen.*

PROTASSOW. Ihr – Esel! Ihr Idioten! Weg!

EIN MANN AUS DER MENGE. Du hast mir mit dem Lappen da das Maul …

EIN ZWEITER. Herr! Gib ihm noch eins mit dem Hut …

EIN DRITTER *bösartig.* Ich werd dir's zeigen, zu schimpfen.

DER ZWEITE. Wo ist der Doktor? Sucht ihn, Kinder …

DER DRITTE. Der da ist auch ein Doktor … faß ihn!

WAGIN *hinter der Ecke.* Roman, schließ die Tür – jage sie fort …

PROTASSOW. Untersteh dich, mich zu stoßen – du Dummkopf!

WAGIN. Pawel … Pawel! Bleibt stehen! Ich schlage los … alle fort! *Jegor und Troschin treten auf. Jegor ein wenig bezecht, Troschin schwer betrunken. Jegor wirft sich auf Protassow und drängt ihn zur Pforte.*

JEGOR. Ah! Der Chemiker! Hab ich dich endlich!

PROTASSOW *stößt ihn zurück.* Wage nicht …

JEGOR. Kinder, das ist der Hauptverbrecher! Der macht Medizinen …

PROTASSOW. Du lügst, du Lump! Nichts mach ich … zu mir! Zu Hilfe!

EINE STIMME AUS DER MENGE. Ruf doch noch lauter, sie können sich nicht hören! *Auf der Veranda erscheint Jelena. Sie sieht das Gedränge, zieht den Revolver und läuft zu Protassow.*

JELENA. Jegor ... lassen Sie los! Fort, Jegor!

PROTASSOW. Jelena ... Jelena ...

JEGOR. Weißt du noch, wie du sagtest: »Wer die Cholera hat, soll sterben«, weißt du noch, wie du ...

JELENA. Ich schieße Sie tot ... *Beim Erscheinen Jelenas hört man aus der Menge verschiedene Rufe: »Schaut mal die an!«, »Wie die herumspringt!«, »Du mit deiner Pistole!«, »Gib's ihr nur!«, »Sie soll's nur versuchen!«, »So eine!«*

JEGOR. Gnädige Frau ... Ich bin Witwer geworden ...

JELENA. Ich schieße!

JEGOR. Und du wirst auch Witwe werden ... Ich drehe ihm den Hals um! ... *Jelena schießt ... Kurze Zeit vorher ist Roman hinter der Menge, die Jegor umgibt, aufgetaucht. Er hält ein großes Stück von einem zerbrochenen Brett in der Hand. Gelassen erhebt er es und schlägt den Leuten damit auf die Köpfe. Er tut das schweigend, gleichsam methodisch, ohne Aufregung zu verraten. In dem Augenblick, wo Jelena auf Jegor schießt, schlägt Roman auf ihn los. Jegor fällt stöhnend zu Boden und reißt Protassow mit sich. Jelena geht auf die Menge los und bedroht sie mit dem Revolver. Nachdem sie den Schuß abgefeuert hat, bemerkt man einen schroffen Wechsel in der Stimmung der Menge. Jemand ruft erstaunt und laut aus: »Sie hat geschossen« ... »Sieh mal, er ist gefallen.« – »O du Hündin!« Vom Hofe her kommt jemand gelaufen und schreit: »Sei kein Hasenfuß, weshalb bist du denn erschrocken, es ist doch nur ein Weibsbild!« Fast alle weichen zurück.*

JELENA *in Ekstase.* Fort! – Ich schieße ... Dimitrij, wo sind Sie? Roman ... helfen Sie meinem Mann! Fort! ... ihr Bestien! ... *Roman geht auf Troschin los, der neben Jegor auf der Erde hockt, etwas vor sich hinbrummend, schüttelt ihn und schlägt ihn mit dem Brett. Troschin stöhnt und fällt um. Aus dem Winkel kommt Wagin hervor, er ist ganz zerzaust, sieht Romans Heldentat.*

WAGIN *in der Hand einen Ziegelstein.* Was machst du hier, Halunke?

ROMAN. Was denn?

WAGIN. Jelena … wo ist Pawel? *Roman hat das Brett fortgeworfen, hockt neben Protassow nieder.*

JELENA *kommt zu sich.* Ihr … Er … Er ist gefallen … *Schreit auf.* Sie haben ihn erschlagen.

WAGIN. Das kann nicht sein.

MELANIJA *kommt auf den Schrei Jelenas hergelaufen.* Wer ist erschlagen? Ihr lügt!

JELENA *zielt mit dem Revolver auf Jegor.* Der hat es getan … ich werde ihn …

WAGIN *schlägt den Revolver nieder.* Was wollen Sie tun? Kommen Sie zu sich.

MELANIJA *neben Protassow.* Er lebt! Pawel Fjodorowitsch …

JELENA. Wasser! Bringt Wasser!

WAGIN *zu Melanija.* Gehen Sie … holen Sie Wasser! Jelena, beruhigen Sie sich! *Melanija läuft ins Haus.*

ROMAN. Es war nichts … alle sind sie am Leben … Siehst du, sie rühren sich … Man schlägt die Leute wie toll, und sie bleiben am Leben! *Wagin und Jelena heben Pawel auf; er ist ohnmächtig. Roman schüttelt Troschin.*

JELENA *entsetzt.* Pawel! Pawel! …

WAGIN. Er ist nur ohnmächtig.

ROMAN *zu Troschin.* Nun steh auf … Mach keine Faxen … Sonst gibt's noch was extra.

ANTONOWNA *läuft herbei.* Paschenjka! Wo ist Paschenjka? …

WAGIN. Schrei nicht, Alte!

PROTASSOW *noch immer halb ohnmächtig.* Jelena, bist du's? … Sind sie fort? Aha …

ANTONOWNA. Sie haben ihn totgeschlagen … Nun … Sie *zu Jelena* haben nicht aufgepaßt.

JELENA *zu ihrem Mann.* Hast du Schmerzen? Wo tut es dir weh? *Jegor ist zu sich gekommen, hebt den Kopf und stöhnt.*

ANTONOWNA. Heben Sie ihn auf – bringen Sie ihn hinein ...

MELANIJA *bringt Wasser.* Ist er zu sich gekommen? Gott sei Dank! Trinken Sie, trinken Sie!

JELENA. Sag, wo tut es dir weh? Hat man dich stark geschlagen?

PROTASSOW. Ich ... ich habe keine Schmerzen ... Er hat mich gewürgt ... Dieser hier ... *Kommt zu sich.* Jelena, dir ... ist nichts geschehen? ... Mir schien es so, als hätten sie dich auf den Kopf geschlagen ... mit einem Brett ... von oben ... so ...

JELENA. Nein, nein ... beruhige dich ...

WAGIN. Hat man dich geschlagen?

PROTASSOW. Nein ... nicht so sehr ... Sie haben mich, ich weiß nicht warum, immer auf den Bauch getreten ... Hol sie der Teufel ... Und der Doktor? Lebt er? ...

MELANIJA. Er lebt, er lebt ... Er liegt im Salon auf dem Sofa ... und weint ...

JELENA *Antonowna bemerkend, ängstlich.* Antonowna ... und Lisa?

ANTONOWNA. Ich habe sie losgebunden ... Ich kann das nicht sehen ...

JELENA. Wo ist sie, wo?

ANTONOWNA *weinend.* Drinnen ... Ihr Kleid war ganz zerrissen ... Ich habe sie umgezogen.

WAGIN. Was macht sie?

ANTONOWNA. Sie sieht das Bild an ... sein Bild ...

JELENA. Gehen Sie zu ihr, Antonowna ... ich bitte Sie, gehen Sie!

ANTONOWNA. Ich möchte Paschenjka zu Bett bringen ... *Geht, indem sie sich immer nach ihm umschaut.*

PROTASSOW. Es ist nichts, Altchen ... Ich bin einfach erschrocken und ...

MELANIJA. Oh – Sie gutes Kind! *Jegor, Troschin und Roman bilden eine andere Gruppe. Roman, etwas lebhafter und lebendiger als gewöhnlich.*

PROTASSOW. Ich, mich hinlegen! Fällt mir nicht ein … Ich bin nur ihretwegen erschrocken … Es schien mir, als hätte jemand geschossen … und dann … mit einem Stock auf den Kopf oder mit einem Brett …

JELENA *stolz.* Mich hat niemand berührt … Gehen wir ins Haus …

PROTASSOW. Ich habe mich mit Erfolg verteidigt. – Schade, daß du das nicht gesehen hast! Und weißt du, Jelena, schade, daß ich kurz vorher meine Überschuhe abgelegt hatte, sonst hätte ich sie mit den Überschuhen …

WAGIN *mit einem Lächeln zu Jelena.* Sie sehen, er ist vollkommen gesund …

PROTASSOW *feurig.* Mit den Überschuhen auf die dummen Fratzen … *zu Jegor.* Na, und Sie, verehrter Herr …

MELANIJA. Sie werden doch nicht mit dem reden? Gehen Sie, Sie müssen sich hinlegen.

PROTASSOW. Erlauben Sie …

JELENA. Warte … Jegor … Habe ich Sie getroffen?

JEGOR *stumpf.* Nein, nicht getroffen. Jemand hat mich auf den Kopf geschlagen …

ROMAN *stolz.* Das war ich! *Jelena blickt mit Spannung auf Jegor und die andern.*

WAGIN. Wenn du gesehen hättest, wie er gearbeitet hat – wie eine Höllenmaschine … Schrecklich! …

TROSCHIN. Meine Herren, ich bin auch am Kopf kontusioniert.

ROMAN *mit Genugtuung.* Und ich bin es gewesen, der dich geschlagen hat …

TROSCHIN. Meine Herren, ich bitte, das nicht zu vergessen. *Jegor tritt an ihn heran und holt mit einem Lächeln eine Flasche aus der Tasche.*

JELENA *sieht Jegor scharf ins Gesicht.* Sollte man ihnen nicht Wasser geben, Jegor?

JEGOR. Lieber Schnaps.

PROTASSOW *zu Jegor.* Sie ... lieber Mann ... sind entsetzlich dumm ...

JELENA. Laß ihn, Pawel!

PROTASSOW. Ich fabriziere keine Arzneien, zum Teufel.

WAGIN. Nun, so hör doch auf!

PROTASSOW *mit von Tränen erstickter Stimme.* Nein, warte! Ich will wissen, warum er sich auf mich gestürzt hat! Was habe ich Ihnen getan, Jegor? Was?

JEGOR *stumpf.* Nichts ... weiß nicht ...

MELANIJA. Warte nur, auf dem Gericht wirst du es erfahren, guter Freund ... dort wird man dir's erzählen!

PROTASSOW *ärgerlich.* Ach, das ist nicht nötig! Was – Gericht? Ich habe Sie so hochgeschätzt, Jegor ... Sie arbeiten vorzüglich ... ja! Ich habe Sie aber auch gut bezahlt, nicht wahr? Warum haben Sie denn ...

JEGOR *steht auf, dumpf und bösartig.* Rühr mich nicht an!

JELENA *entscheiden und mit Nachdruck.* Laß ihn in Ruhe, Pawel ... ich bitte dich.

WAGIN *zu Jegor.* Sie sollten ... weggehen.

JEGOR *grob.* Ich weiß ... ich geh. *Geht schwankenden Schrittes fort. Roman und Troschin sind an den Gartenzaun getreten, sitzen da auf der Erde und trinken den Schnaps, den Roman gebracht hat. Schweigend tritt Jegor an sie heran und reicht Roman die Hand.*

MELANIJA. Ah, diese Bestie!

JELENA. Lassen Sie ihn laufen. Wir wollen gehen, Pawel!

PROTASSOW *aufgeregt.* Nein, er hat mich gereizt ... Es steckt in ihm etwas ... Abstoßendes ... Die Leute sollten hell und leuchtend sein ... wie die Sonne. *Lisa erscheint auf der Terrasse.*

Sie trägt ein weißes Kleid. Sie ist hübsch und eigenartig frisiert.
Sie geht mit langsamen, feierlichen Schritten. Auf ihrem Gesicht
schwebt ein unbestimmtes, rätselhaftes Lächeln. Hinter ihr Anto-
nowna.

LISA. Lebt wohl! Nein … sagt nichts … Ich bin entschlossen …
und ich gehe! … Nein, nein – Keine Einwendungen … Ich
gehe weit weg und auf lange Zeit, für immer. Wißt ihr hier
noch nicht? Hier … *Sie bleibt stehen und liest halblaut, mit ei-*
nem Lächeln, folgende Verse, die auf der Rückseite einer Photo-
graphie Tschepurnois geschrieben sind.

> Mitten durch die Wüste geht mein Liebster
> In des heißen Sandes rotem Meer,
> Seiner harrt in blauer Nebelferne
> Einsamkeit, ich fühl's, und Trübsal schwer.
>
> Einem bösen Auge gleicht die Sonne,
> Schweigend brennt herab ihr glühn'der Blick;
> Zu dem Liebsten, der dort einsam leidet,
> Komm ich, und teile sein Geschick.

Singt leise, nach einer seltsamen Melodie:

> Schlank und hoch, so seh ich meinen Liebsten,
> Und ich leicht und schön an seiner Hand,
> Und wir beide wie zwei blasse Blüten,
> Sturmverweht auf rotem Wüstensand.

Schweigt, seufzt auf und fährt dann fort:

> Und zu zweit, versengt von Sonnengluten,
> Wandern in dem Sande wir allein
> Und begraben dort in toter Öde –
> **Er** den Traum – und **ich** die Herzenspein.

Blickt nachdenklich auf alle. Lächelt.

Das ist alles! Das tue ich – für Boris … Ihr kennt ihn doch …
Boris … nicht? *Geht zum Garten.* Ihr tut mir leid … Ich bedaure euch sehr … bedaure euch von Herzen … *Antonowna sieht
unfreundlich auf Jelena, folgt Lisa nach.*

JELENA *besorgt und leise.* Pawel … Pawel … verstehst du?

PROTASSOW *erstaunt.* Wie ist das schön, Jelena! Dimitrij, hast
du verstanden, wie schön das ist?

WAGIN *hart.* Und du, hast du verstanden, daß sie wahnsinnig
geworden ist?

PROTASSOW *ungläubig.* Ist das wahr, Jelena?

JELENA *halblaut.* Gehen wir – gehen wir ihr nach! *Alle drei gehen
in den Garten. Am Zaun sitzt Jegor und verfolgt sie mit haßerfüllten Blicken. Troschin brummt etwas Unverständliches und
kratzt sich mit zitternden Händen den Kopf und die Schultern*

ROMAN. Hat nichts zu sagen … mich hat man viel toller geschlagen, und ich – hier bin ich! Da kommen sie … Also schweig.
Du lebst und damit gut.

WAGIN *nachdenkend.*

Trostlos einsam in der dürren Wüste,
In des glühn'den Sandes rotem Meer.

Ingram Content Group UK Ltd.
Milton Keynes UK
UKHW051839150523
421781UK00010B/76

9 783847 845164